TOME 2

Cet ouvrage fait suite au livre : Introduction en Comptabilité Générale Tome 1.

Introduction en comptabilité générale

Pour débutants

Cours et exercices corrigés en comptabilité générale

- ✓ Cours illustrés par des exemples
  - ✓ Exercices
  - ✓ Corrigés des exercices

ET

Explications et corrigés en vidéos

Les cours en Tome 1

1- C'est quoi un bilan ?
2- C'est quoi un tableau de compte de résultat ?
3- Comment lire un plan comptable (PCG) ?
4- C'est quoi un journal ?
5- Comment comptabiliser les opérations ?
5- C'est quoi la TVA ?
6- C'est quoi l'inventaire des stocks ?
7- Comment comptabiliser les opérations les plus courantes ?
8- C'est quoi un grand livre ?
9- C'est quoi une balance des comptes ?
10- En quoi consiste les réductions sur chiffre d'affaires ?
11- C'est quoi un rapprochement bancaire ?

Et
Des explications en vidéo et cas pratiques corrigés

Les cours en Tome 2

1 - Comptabilisation des frais annexes des achats (immobilisations et achats stockés)

2 - Les emballages et consignations sur emballages

3 - La déclaration de TVA

4 - Les effets de commerce

5 - Les créances et dettes en monnaie étrangère

5 - Les emprunts bancaires

6 - Les titres financiers (VMP)

Et Des explications en vidéo des cas pratiques proposés

TABLE DES MATIERES

FICHES DES COURS

I- Les frais annexes aux achats................... 8
1- Frais annexes aux achats stockés 8
2- Les frais annexes aux acquisitions des immobilisations 11

II- Les emballages................................... 14
1- Définition des emballages : 14
2- Les emballages non commerciaux 16
3- Les emballages commerciaux 17
→ Emballages perdus 17
→ Emballages récupérables... 17

III- La déclaration de TVA........................ 27
1- Définition de la taxe sur la valeur ajoutée : 27
2- Paramètres de la TVA collectée : 27
3- Paramètre la TVA déductible : 37
4- TVA intracommunautaire 43
    a- TVA intracommunautaire sur les livraisons de biens................. 43
    b- TVA intracommunautaire sur les prestations services : 49
5- Régime de déclaration de la TVA... 50
    Franchise de base : 50
    Régime simplifié d'imposition : 50
    Régime d'imposition réel   normal 55
Remboursement de la TVA : 55

IV- Les effets de commerce....................... 56
1- Principe des effets de commerce : 56
    a- Les chèques bancaires 56
    b- Les billets à ordre : 59

TABLE DES MATIERES

	c- Les lettres de change :	60
2-	Remise à l'encaissement ou remise à l'escompte :	61
L'endossement :		61
3-	Comptabilisation des lettres de changes, et des billets à ordre relevés	61
4-	Le billet à ordre et lettre de change magnétiques :	65

V- Les dettes et créances en monnaie étrangère....... 70

1- Les dettes ou créances d'exploitation et commerciales : 70

VI- Les emprunts bancaires......................... 73

1- Enregistrement comptable de la réception d'un emprunt bancaire : 73
2- Remboursement d'un emprunt : 74
    a- Par mensualités / annuités constantes 74
    b- Par amortissements constants............ 76
    c- Par amortissement in-fine 77
    d- Avantages et inconvénients des méthodes de remboursement : 78
3- Enregistrement comptable des remboursements des emprunts : 79

VII- Les valeurs mobilières de placement (VMP)......................... 82

1- Définition des VMP : 82
2- Comptabilisation de l'achat des VMP : 83
3- Comptabilisation de la cession des VMP 84

EXERCICES

Exercice 1 : Déclaration de TVA 86

Exercice 2 : Déclaration de TVA 87

Exercice 3 : Acquisition d'une immobilisation 88

Exercice 4 : Remboursement d'un emprunt bancaire 89

TABLE DES MATIERES

Exercice 5 : Lettre de change relevé (LCR) magnétique 90

Exercice 6 : Les consignes sur emballage 90

Exercice 7 : Déclaration TVA CA12 92

Exercice 8 : Enregistrer les opérations au journal 93

Exercice 9 : Enregistrement d'une opération d'importation 95

Exercice 10 : Titres financiers 96

Corrigé de l'exercice 1 98

Corrigé de l'exercice 2 99

Corrigé de l'exercice 3 100

Corrigé de l'exercice 4 101

Corrigé de l'exercice 5 102

Corrigé de l'exercice 6 103

Corrigé de l'exercice 7 105

Corrigé de l'exercice 8 108

Corrigé de l'exercice 9 110

Corrigé de l'exercice 10 111

Cas pratique 1 113

Cas pratique 2 115

Cas pratique 3 116

Partie 1
Cours en comptabilité

Partie cours : Les frais annexes aux achats

I- Les frais annexes aux achats

1- Frais annexes aux achats stockés

Définition : Les frais annexes ou accessoires aux achats sont les frais qui accompagnent les achats des stocks

On peut citer :

a. Des frais de ports
b. Des assurances
c. Des commissions pour courtages
d. Des frais de dédouanement
e. Des frais postaux

Comptabilisation :

Méthode 1 :

L'article 946-60 du PCG 2014 précise que les entreprises ont la possibilité d'enregistrer directement les frais accessoires d'achat, réglés à des tiers, dans les comptes d'achats allant de 601 à 607, plutôt que dans les comptes de charges par nature, à condition que ces frais puissent être attribués de manière certaine à une catégorie spécifique de marchandises ou d'approvisionnements.

Exemple numérique :

Une entreprise achète 10 000 € de marchandises, les frais de transport supportés sont de 1000 €. Le taux de TVA applicable est de 20 %.

Partie cours : Les frais annexes aux achats

Les frais d'achat sont directement incorporés au compte 607. Achat de marchandises.

Journal des achats

Numéro de compte	Intitulé	Débit	Crédit
607.	Achat de marchandises *(10 000 + 1000)*	11 000	
44566.	TVA déductible sur ABS	2 200	
401.	Fournisseur de ABS		13 200

Cette méthode est couramment utilisée lorsque les frais accessoires sont de faible montant, notamment dans les petites entreprises. Cependant, elle ne permet pas de distinguer les frais accessoires, rendant leur montant exact difficile à déterminer. Le PCG stipule que, si l'entreprise opte pour cette méthode de comptabilisation, elle doit fournir des informations détaillées sur les frais annexes aux achats dans les annexes des comptes annuels.

Méthode 2

Comptabiliser les frais annexe, dans les comptes prévus à cet effet. C'est la méthode qui fournit le plus de clarté dès la lecture de la balance des comptes.

Les comptes prévus sont les subdivisions du compte 608XXX

Pour les achats des matières premières

Numéro de compte		Intitulé
6081		**Frais accessoires aux achats des matières premières**
	60811	Frais de courtage
	60812	Transports sur achats
	60813	Frais postaux

Partie cours : Les frais annexes aux achats

Pour les achats des marchandises

Numéro de compte	Intitulé
6087	**Frais accessoires aux achats des marchandises**
60871	Frais de courtage
60872	Transports sur achats
60873	Frais postaux

Exemple numérique :

L'entreprise GAMMA effectue l'achat de matière première pour une valeur de 45 000 €. Les frais de transports facturés sont de 6000 €. Le taux de TVA applicable est de 20%.

Journal des achats

Numéro de compte	Intitulé	Débit	Crédit
601.	Achat de matières premières	45 000	
60872.	Frais de transport	6 000	
44566.	TVA déductible sur ABS	10 200	
401.	Fournisseur de ABS		61 200

Méthode 3

L'entreprise peut enregistrer les frais annexes aux achats des stocks dans les comptes par nature.

Les frais par natures sont inscrits dans les comptes de subdivisions 61 ou 62. A titre d'exemple :

Numéro de compte	Intitulé du compte
616	Prime d'assurance
622	Rémunération des intermédiaires
624	Transport des biens.

Partie cours : Les frais annexes aux achats

2- Les frais annexes aux acquisitions des immobilisations

Ces frais correspondent à toutes les charges engagées par l'entreprise pour l'acquisition et la mise en service de l'immobilisation, à savoir :

a. Les frais de transport, d'installation, de manutention et de montage.

b. Les frais d'assurance.

c. Les frais de douane et toutes les taxes non récupérables.

Comptabilisation

Ces frais doivent être inclus dans le coût de l'immobilisation, à condition qu'ils soient engagés au cours du même exercice comptable que l'acquisition. Les frais jugés non nécessaires à l'acquisition ou à la mise en service de l'immobilisation ne doivent pas être intégrés dans son coût. Exemples :

- Frais de formation du personnel à l'utilisation.
- Contrat de maintenance.

Les escomptes, remises ou rabais obtenus lors de l'achat doivent venir en déduction du coût d'acquisition.

Exemple numérique :

L'entreprise ALPHA fait l'acquisition d'une machine-outil, auprès du fournisseur LABY pour une valeur de 145 000 €. L'entreprise obtient une remise de 10%, et un escompte pour paiement au comptant de 5%. La facture101 est émise le 5 novembre N.

Pour le transport, elle fait appel au prestataire GABY qui lui facture 12 000 € en HT. Facture FA40 du 15 novembre N.

Les frais d'installation sont facturés par l'entreprise LABY, en une facture séparée (FA 123) qui comporte :

Des frais d'installation : 30 000 €

La formation des salariés : 3 000 €

Partie cours : Les frais annexes aux achats

Forfait de maintenance annuelle : 5 000 €

Tous les montants sont en hors taxes. Le taux de TVA applicable est de 20 %.

Calcul du coût de l'immobilisation

Nature	Montant	
Prix d'achat		145 000 €
Remise de 10 %	*14 500 €*	
Prix après remise		130 500 €
Escompte de 5 %	*6 525 €*	
Prix après remise et escompte		123 975 €
Frais de transport		12 000 €
Frais d'installation		30 000 €
Coût d'acquisition	**273 975 €**	

Journal des achats

Numéro de compte	Intitulé	Débit	Crédit
2154.	Matériel industriel	123 975	
44562.	TVA déductible sur Immobilisations	24 795	
404.	Fournisseur d'immobilisations		148 770
	Facture 101 du 5/11/N fournisseur LABY		

Journal des achats

Numéro de compte	Intitulé	Débit	Crédit
2154.	Matériel industriel	12 000	
44562.	TVA déductible Sur immobilisation	2 400	
404.	Fournisseur d'immobilisation		14 400
	Facture 40 du 15/11/N fournisseur GABY		

Partie cours : Les frais annexes aux achats

Journal des achats

Numéro de compte	Intitulé	Débit	Crédit
2154.	Matériel industriel	30 000	
618.	Divers	3000	
6156.	Maintenance	5000	
44566.	TVA déductible sur ABS	1600	
44562.	TVA déductible sur immobilisation	6000	
404.	Fournisseur d'immobilisation		45600
	Facture 123 du 5/11/N fournisseur LABY		

Partie cours : **Les emballages**

II- Les emballages

1- Définition des emballages :

En Marketing

L'ensemble des éléments matériels, vendus ou non avec le produit, ayant pour objectif de faciliter son transport, sa protection, son stockage, sa présentation, son identification ou son utilisation par le consommateur.

En Comptabilité

Il est important de distinguer les emballages commerciaux des emballages non commerciaux.

- ***Emballages non commerciaux*** : Ce sont ceux qui ne sont pas utilisés dans les échanges avec les clients ou les fournisseurs et qui, par définition, ne quittent jamais l'entreprise. Ils peuvent être utilisés dans le processus de production, comme des citernes d'eau ou de fioul.

- ***Emballages commerciaux*** : Ce sont ceux utilisés pour vendre les produits. On distingue trois types d'emballages :
    - *Les emballages perdus*
    - *Les emballages récupérables*
    - *Les emballages mixtes*

Partie cours :   **Les emballages**

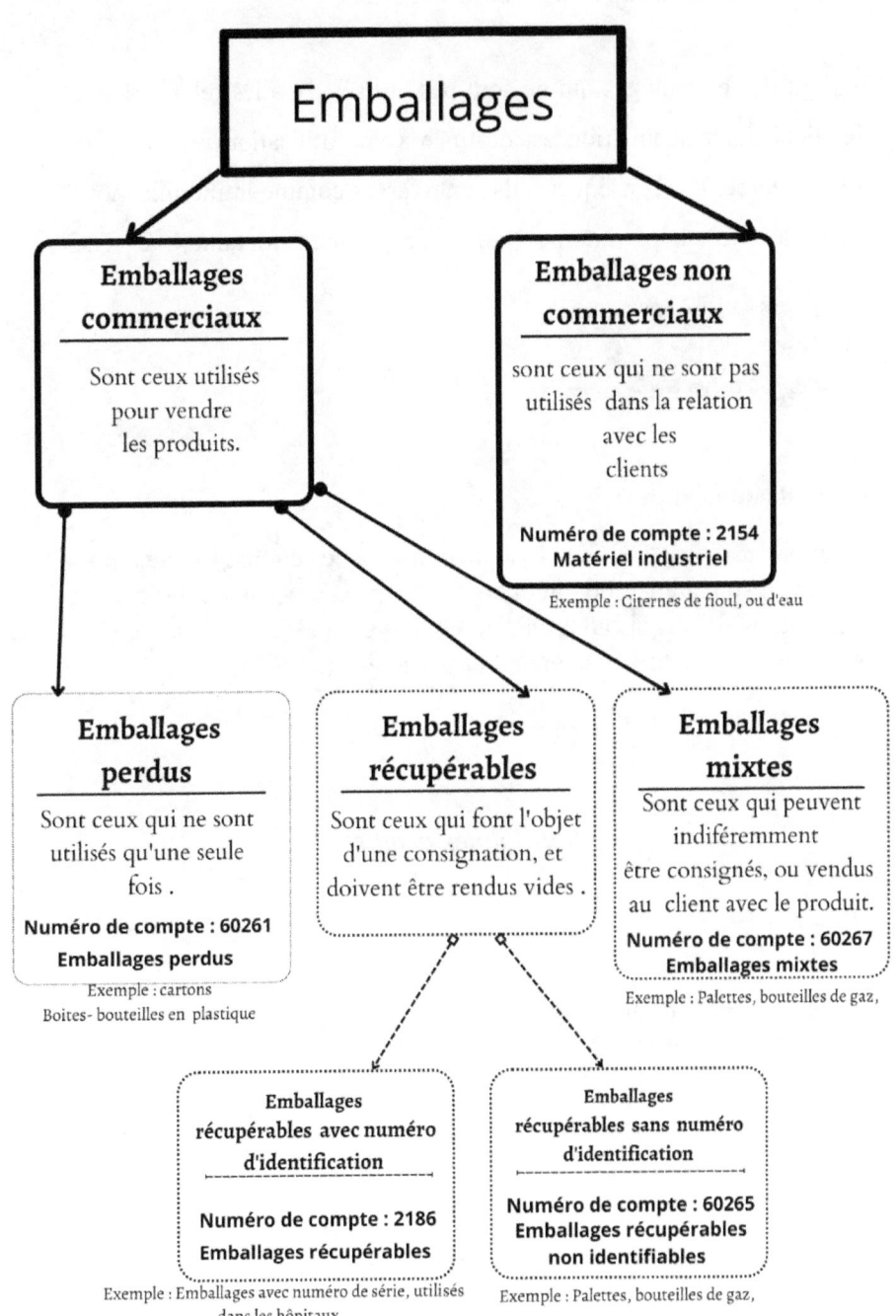

Partie cours :   **Les emballages**

2- Les emballages non commerciaux

Il s'agit des emballages qui ne sont pas utilisés dans les relations avec des tiers. Leur acquisition est destinée à une utilisation interne et de longue durée. Par conséquent, ils sont classés comme immobilisations. Exemples : une citerne de fioul, une fontaine à eau.

Exemple numérique :

L'entreprise ALPHA fait l'acquisition d'une citerne d'eau, pour alimenter son atelier de production. Le prix d'achat de la citerne, incluant les frais d'installation est de 6000 € en HT. Taux de la TVA applicable est de 20%. Facture d'achat numéro 12 du 3 janvier N.

Enregistrer la facture d'achat.

Journal des achats

Numéro de compte	Intitulé	Débit	Crédit
2154	Matériel industriel	6 000	
44562	TVA déductible sur immobilisations	1 200	
404	Fournisseur d'immobilisations		7 200
	FA 12 du 3/1/N		

Partie cours : Les emballages

3- Les emballages commerciaux

→ <u>Emballages perdus</u>

Les emballages perdus sont ceux que l'entreprise utilise qu'une seule fois. Ces emballages sont vendus et livrés au client, avec le produit.

Exemples d'emballages perdus : Boites en carton

Les numéros de compte utilisés

Numéro de compte	Intitulé du compte	Utilisation
60261	Achat des emballages perdus	Enregistrement des factures d'achat des emballages
3261	Stock des emballages perdus	Gestion des stocks des emballages perdues
603261	Variation des stocks des emballages perdus	

→ <u>Emballages récupérables</u>

Ce sont des emballages qui doivent être retournés et sont prêtés au client contre une consignation.

- S'ils sont munis d'un numéro d'identification, ils sont considérés comme des immobilisations et comptabilisés en tant que tels lors de l'achat et de la cession.

Partie cours : Les emballages

- En revanche, s'ils ne sont pas identifiables, ils sont traités comme des stocks.

Exemples : palettes, bouteilles à remplir, caissons.

Enregistrement comptable des acquisitions des emballages

Exemple numérique :

Le 1 avril, l'entreprise LABY fait l'acquisition de 36 000 palettes consignables pour un prix global de 9000 € en HT FA 45 fournisseur GAMMA. Et l'acquisition d'une citerne pour 8000 € en HT, qu'elle dépose chez le client contre une consigne. Cette citerne est identifiable par le numéro de série 123. Le taux de TVA applicable est de 20%. Facture 123 du fournisseur ALPHA

Journal des achats

Numéro de compte	Intitulé	Débit	Crédit
60265.	Emballages récupérables	9 000	
44566.	TVA déductible sur B/S	1 800	
401.	Fournisseur de B/S		10 800
	Facture 45 GAMMA du 1 avril N		

Partie cours : Les emballages

Journal des achats

Numéro de compte	Intitulé	Débit	Crédit
2154.	Matériel industriel	8 000	
44562	TVA déductible sur Immobilisations	1 00	
404.	Fournisseur d'immobilisations		9200
	FA 123 ALPHA du 1 avril N		

Enregistrement comptable des consignations

Partie cours :   Les emballages

I- Facture avec consignation

```
            Facture de vente N°.......
Fournisseur..........
            Client :........
┌─────────────────────────────────┐
│  Montant en HT            A     │
│        +                        │
│  Montant de la TVA        B     │
│        =                        │
│  Montant en TTC           C     │
│        +                        │
│  Emballages consignés     D     │
│        =                        │
│  Net à payer              E     │
└─────────────────────────────────┘
```

Enregistrement chez le fournisseur (facture de vente)

Numéro de compte	Intitulé du compte	Débit	Crédit
411.	Clients	E	
707 ou 7135	Vente (marchandises ou produits finis)		A
44571	TVA Collectée		B
4196	Clients- Dettes sur emballages consignés		D

Enregistrement chez le Client (facture d'achat)

Numéro de compte	Intitulé du compte	Débit	Crédit
607 ou 601	Achats stockés (marchandises ou MP1)	A	
44566	TVA déductible sur ABS	B	
4096	Fournisseurs- Créances sur emballages consignés	D	
401	Fournisseurs de biens et services		E

Partie cours :   Les emballages

II- Facture d'avoir
Déconsignation et retour des emballages

Facture d'avoir N°.......	
Fournisseur...........	
Client :........	
Retour d'emballage	D
=	
Net à payer	D

Enregistrement chez le fournisseur (facture d'avoir)

Numéro de compte	Intitulé du compte	Débit	Crédit
4196	Clients- Dettes sur emballages consignés	D	
411.	Clients		D

Enregistrement chez le Client (facture d'avoir)

Numéro de compte	Intitulé du compte	Débit	Crédit
401	Fournisseurs de biens et services	D	
4096	Fournisseurs- Créances sur emballages consignés		D

Partie cours :   Les emballages

III- Facture d'avoir
Déconsignation et retour des emballages en mauvais état

```
          Facture d'avoir   N°.......
Fournisseur...........
           Client :........
┌─────────────────────────────────────┐
│ Retour d'emballage              D   │
│ Malus sur retour d'emballage    A   │
│ TVA sur Malus                   B   │
└─────────────────────────────────────┘
              =
         Net à payer              C
```

Enregistrement chez le fournisseur (facture d'avoir)
Le Malis est un bonis pour le vendeur

Numéro de compte	Intitulé du compte	Débit	Crédit
4196.	Clients- Dettes sur emballages consignés	C	
411.	Clients		D
7086.	Bonis sur retour d'emballages consignés		A
44571.	TVA collectée		B

Enregistrement chez le Client (facture d'avoir)

Numéro de compte	Intitulé du compte	Débit	Crédit
401.	Fournisseurs de biens et services	D	
6136.	Malis sur retour d'emballages consignés	A	
44566.	TVA déductible sur ABS	B	
4096.	Fournisseurs- Créances sur emballages consignés		C

Partie cours :   Les emballages

IV- Facture
Cas de non retour des emballages

```
          Facture   N°.......
Fournisseur...........
              Client :........

Emballages consignés non restitué   F
        TVA                         G

Net à payer                         H
```

Enregistrement chez le fournisseur
Le prix appliqué est en général supérieur au montant de la consigne

Numéro de compte	Intitulé du compte	Débit	Crédit
4196.	Clients- Dettes sur emballages consignés	D	
411.	Clients	H-D	
7088.	Autres produits d'activité annexes		F
44571.	TVA collectée		G

Pour le D : voir facture en -I-

Enregistrement chez le Client (facture d'achat)

Numéro de compte	Intitulé du compte	Débit	Crédit
60265.	Achats stockés d'emballage récupérable	F	
44566.	TVA déductible sur ABS	G	
401.	Fournisseurs de biens et services		H-D
4096.	Fournisseurs- Créances sur emballages consignés		D

Partie cours : Les emballages

Exemple numérique : D'après sujet DCG UE9 année 2022

La société SAS MALO, spécialisée dans le conseil ainsi que dans la vente et l'achat d'objets de décoration, applique un taux de TVA de 20 %.

Le 14 avril, émission de la facture VP98765 concernant la vente de 10 lampes à la société bretonne LEGOFF, pour un montant unitaire de 250 € HT. De plus, une dizaine de caisses rembourrées sont consignées au client LEGOFF au prix unitaire de 50 € par caisse.

Le 23 avril, émission de la facture d'avoir AV98765 à l'intention de LEGOFF, en relation avec la facture VP98765 du 14 avril, pour la déconsignation des 10 caisses rembourrées.

Huit caisses sont reprises au prix unitaire de 45 € HT.

Deux caisses sont vendues au prix unitaire de 50 € HT.

Journal des ventes au 14 avril N

Numéro de compte	Intitulé	Débit	Crédit
411.	Clients	3 500	
707.	Vente de marchandises		2 500
44571.	TVA Collectée		500
4196.	Clients-Dettes sur emballages consignés		500
	Facture VP98765 Client LEGOFF		

Journal des ventes au 23 avril N

Numéro de compte	Intitulé	Débit	Crédit
4196.	Clients-Dettes sur emballages consignés	500	
7086.	Bonis sur retour d'emballage		40
44571.	TVA collectée sur bonis		8
7088.	Autres produits d'activités annexes		100
44571.	TVA collectée		20
411.	Client		332
	Facture AV98765 Client LEGOFF		

Partie cours : Les emballages

Les caisses sont reprises à un prix inférieur à la consignation, c'est donc un boni de 5€ par caisse rendue *(8 caisses rendues *5 €)*.

Exemple numérique : D'après sujet DCG UE9 année 2021

L'entreprise JARDINPEC spécialisée dans l'entretien des jardins reçoit le 10 juin N, la facture en annexe A, relative à l'achat de plantes et d'arbres destinés agrémenter les jardins des clients.

Annexe A

JARDILAND
SAS au capital de 150 000 €
58, route de Fumel
47300 Villeneuve sur Lot

RCS 524347612

Doit :
Société JARDINPEC
8, route de Monflanquin
47140 Saint-Sylvestre-sur-Lot

Facture n° 6048 du 10/06/2020

Désignation	Quantité	PUHT	Montant
Cotonéaster	2 000	2,00	4 000,00
Olivier	10	200,00	2 000,00
		Montant brut	6 000,00
		Remise 5 %	- 300,00
		Net commercial	5 700,00
		Escompte 1 %	- 57,00
		Net financier	5 643,00
		TVA 10 %	564,30
	10 palettes consignées à 10 € chacune		100,00
		Net à payer (sous 30 jours)	6 307,30

- Le 17 juin, réception de la facture d'avoir N°AV60482 du fournisseur JARDLAND, pour la déconsignation de 8 palettes consignées le 8 juin. Chaque palette est déconsignée au prix de 8 € en HT (TVA applicable de 20 %). La SASU JARDINPEC conserve définitivement les deux autres palettes consignées.

Enregistrer les écritures du 8 juin et du 17 juin N

Partie cours : Les emballages

Journal des achats : le 8 juin N

Numéro de compte	Intitulé	Débit	Crédit
601.	Achat de MP	5 700	
44566.	TVA déductible	564,30	
4096.	Fournisseurs-Créances sur emballages consignés	100	
765.	Escomptes obtenus		57
401.	Fournisseurs de ABS		6 307,30
	Facture 6048 fournisseur JARDILAND		

Journal des achats : le 17 juin N

Numéro de compte	Intitulé	Débit	Crédit
60265.	Achats stockés d'emballages	20	
6136.	Malis sur retour des emballages consignés	16	
44566.	TVA déductible sur ABS	7,2	
401.	Fournisseur de ABS	56,8	
4096.	Fournisseurs-Créances sur emballages consignés		100
	Facture d'avoir N°AV60482 fournisseur JARDILAND		

Mali sur retour des emballages : 2€ par palettes Soit 16 € en HT.

Emballages non retournés : 2*10€ = 20 € en HT.

Partie cours : Les effets de commerce

III- La déclaration de TVA

1- Définition de la taxe sur la valeur ajoutée :

La TVA est un impôt indirect, ce qui implique qu'elle n'est pas directement perçue par l'État. Elle est collectée par les entreprises, associations et organismes financiers, qui la transmettent ensuite à l'État. Bien que cette taxe soit prélevée à chaque étape du cycle économique, elle est finalement supportée par le consommateur final.

2- Paramètres de la TVA collectée :

- **L'assiette de la TVA :** L'assiette de l'impôt est sa base de calcul. **Assiette * taux de l'impôt = Montant de l'impôt.**
  Le Taux de TVA est appliqué au montant du chiffre d'affaires entrant dans le champ d'application de la TVA.

- **Le champ d'application de la TVA :** On entend par champ d'application de la TVA l'ensemble des opérations qui peuvent être imposables à la TVA.

  Le champ d'application de la TVA est déterminé par l'article 2, paragraphe 1, de la directive 2006/112/CE du Conseil du 28 novembre 2006 relative au système commun de la taxe sur la valeur ajoutée ("BOI-TVA-CHAMP-10-10 - TVA - Champ d'application et territorialité ...").

  On peut le résumer dans les points suivants :

Sont soumises à la TVA les opérations suivantes, à condition qu'elles soient réalisées par des assujettis :

Partie cours : Les effets de commerce

- La livraison de biens à titre onéreux effectuée en France (ventes de biens).
- Les prestations de services effectuées à titre onéreux en France (ventes de services).
- Les acquisitions intracommunautaires à titre onéreux (achats de biens ou services au sein de l'Union européenne).
- Les importations de biens.

Les assujettis sont les personnes, physiques ou morales, qui agissent de manière indépendante. Par conséquent, les salariés ne sont pas considérés comme assujettis par rapport à leurs employeurs.

Les opérations exonérées de TVA comprennent :

- Les exportations de biens et/ou de services.
- Les ventes intracommunautaires de biens et/ou de services.
- Les locations immobilières nues à usage d'habitation.
- Les opérations d'assurance et de réassurance.
- Certaines opérations bancaires, telles que les intérêts, les émissions de titres et l'acquisition de valeurs mobilières de placement (VMP).
- Les services à caractère social, sportif ou éducatif fournis par des associations à but non lucratif, dans la limite de 60 000 € de recettes commerciales.
- Les activités d'enseignement.
- Les activités médicales et paramédicales (médecins, infirmiers).

En France, les taux de TVA, modifiés pour la dernière fois le 1er janvier 2014, sont les suivants :

- Taux normal : 20 %   Taux intermédiaire : 10 %
- Taux réduit : 5,5 %   Taux particulier : 2,1 %

Partie cours : Les effets de commerce

Taux	Principales activités concernées
20%	La quasi-majorité des ventes de biens et de services
10%	Restauration- transport des voyageurs- transport des déchets- Produits agricoles non transformés – billets de foires des musés, des parcs ect – Bois de chauffage
5,5%	La majorité des produits alimentaires- les produits hygiéniques féminins- équipements pour personnes avec un handicap – Livres – abonnement d'Energie- fournitures de repas dans les cantines scolaire- travaux d'amélioration énergétique des logements – Billets spectacles vivants et cinéma -
2,1%	Médicaments remboursables par la sécurité sociale – Redevance télévision.

Franchise de base

Une entreprise dont l'activité n'est pas soumise à la TVA ne doit pas la facturer. Elle doit inclure une mention d'exonération sur les factures de vente envoyées à ses clients et ne peut pas récupérer la TVA déductible. Cependant, certaines entreprises choisissent d'opter pour un assujettissement volontaire, bien qu'elles soient exonérées de plein droit :

- Les micro-entreprises dont le chiffre d'affaires ne dépasse pas 36 800 € pour les prestations de services ou 91 900 € pour la vente de marchandises ou une activité mixte sont exonérées, bénéficiant ainsi de la franchise en base. Toutefois, elles peuvent choisir d'opter pour la TVA. (Données 2024)

- **Fait générateur, et exigibilité de la TVA :**

Le fait générateur correspond à la réalisation de toutes les conditions nécessaires pour rendre la TVA exigible. L'exigibilité, quant à elle, désigne le moment où le contribuable devient redevable de la taxe

Partie cours : Les effets de commerce

envers le Trésor public. C'est cette notion qui détermine la période de déclaration et, si nécessaire, le paiement. Pour certaines activités, le fait générateur et l'exigibilité coïncident, tandis que d'autres sont soumises à des dérogations.

Activités en France :

Nature de l'activité	Fait générateur	Exigibilité	Mode
Livraison de biens	Livraison du bien	→ Date de livraison (Facturation) → Encaissement d'un acompte	**TVA sur les débits**
Ventes de prestation de services	Achèvement du service	→ Encaissement de la prestation → Encaissement d'un acompte.	**TVA sur les encaissements**
Ventes de prestation de services	Achèvement du service	→ Facturation → Encaissement d'un acompte.	**Option sur les débits**

Mode	Activités	Versement d'acompte	Facturation	Versement du solde
TVA sur les débits	Vente de Biens (Livraison des biens)	**Exigible**	**Exigible**	Non exigible
TVA sur les encaissements	Vente de services	**Exigible**	Non exigible	**Exigible**
TVA avec option sur les débits	Vente de services	**Exigible**	**Exigible**	Non exigible

Exemple numérique :

Définir et calculer pour les opérations de vente qui suivent, les montants et les dates d'exigibilité de la TVA.

Le 2 janvier ; livraison de 35 000 € en HT de marchandises, taux de TVA applicable 20 %. N° de facture FV 123. Paiement dans 10 jours.

Partie cours :   Les effets de commerce

Le 12 janvier, réception du paiement de la facture FV 123.

Le 13 janvier, établissement de la facture de vente FV 124 relative à des prestations de service, montant 45 000 € en HT. Taux de TVA applicable 10 %, paiement dans une semaine.

Le 20 janvier, encaissement de la facture FV 124.

Le 22 janvier, réception de 8800 € d'acompte, pour des prestations de service. Taux de TVA applicable 10 %.

Le 24 janvier, réception de 10 800 € en TTC d'acompte, pour des livraisons de marchandises, taux de TVA applicable 20%.

Opération	TVA exigible	Calcul	Date d'exigibilité
Livraison facture FV123	7 000	35 000 * 20%	2 janvier
Réception du paiement de la facture FV 123	Non	/	/
Facture de vente FV 124	Non	/	/
Encaissement de la facture FV 124	4500	45 000 * 10 %	13 janvier
Acompte sur services	800	(8800/1,1) *10%	22 janvier
Acompte sur livraison de marchandises	1 800	(10 800 /1,2) * 20 %	24 janvier

Enregistrement comptable : facture de vente de biens

Exemple numérique : taux de TVA 20 %

Le 2 janvier, réception d'un acompte de 1000 €

Le 15 janvier, établissement de la facture FV 120 vente et livraison de 10 000 € de marchandises

Le 30 janvier, encaissement du solde de la facture FV 120

Partie cours : Les effets de commerce

2 janvier, réception de l'acompte.

N° Cpt	Intitulés des comptes	Débit	Crédit
512.	Banque	1000	
4191.	Client débiteur, acompte reçu		1000
	Journal de Banque		
4458.	TVA en attente de régularisation	166,67	
44571.	TVA collectée		166,67
	(1000/ 1,2) * 20 %		
	Journal OD		

15 janvier, établissement de la facture FV 120

N° Cpt	Intitulés des comptes	Débit	Crédit
411.	Client	11 000	
4191.	Client débiteur, acompte reçu	1000	
707.	Vente de marchandises		10 000
44571.	TVA collectée *(2000 € - 166,67)*		1 833,33
4458.	TVA en attente de régularisation		166,67
	Journal des ventes		

30 janvier : Encaissement de la créance

N° Cpt	Intitulés des comptes	Débit	Crédit
512.	Banque	11 000	
411.	Client		11 000
	Journal de Banque		

Partie cours : **Les effets de commerce**

> **Enregistrement comptable : facture de vente de prestations de service**
> **(sans option sur les débits)**

Aucune option

> **Exemple numérique : taux de TVA 20 %**
>
> Le 2 janvier, réception d'un acompte de 1 200 €
>
> Le 15 janvier, établissement de la facture FV 126
> Prestation de service pour 9000 € En HT.
>
> Le 30 janvier, encaissement du solde de la facture FV 126

Journal de Banque

Numéro de compte	Intitulé du compte	Débit	Crédit
512.	Banque	1 200	
4191.	Clients-Acomptes reçus		1 200

Le 2 janvier, enregistrement de l'acompte

Journal des opérations diverses

Numéro de compte	Intitulé du compte	Débit	Crédit
4458.	TVA en attente de régularisation	200	
44571.	TVA collectée		200

Le 2 janvier, enregistrement de l'acompte

TVA collectée sur l'acompte :
HT : (1200 € / 1,2) = 1 000 €
TVA : 1 000 € * 20 % = 200 €

Partie cours : Les effets de commerce

Journal des ventes

Numéro de compte	Intitulé du compte	Débit	Crédit
411.	Clients	9 600	
4191.	Clients-Acomptes reçus	1 200	
704.	Travaux		9 000
4458.	TVA en attente de régularisation		1 800
	Le 15 janvier, facture de vente FV126		

> La TVA n'est pas exigible, le compte 44571. TVA collectée est remplacé par le compte 4458. TVA en attente de régularisation

Journal de Banque

Numéro de compte	Intitulé du compte	Débit	Crédit
512.	Banque	9 600	
411.	Clients		9 600
	Le 30 janvier, encaissement du solde de la facture		

Journal des opérations diverses

Numéro de compte	Intitulé du compte	Débit	Crédit
4458.	TVA en attente de régularisation	1 600	
44571.	TVA collectée		1 600
	Le 30 janvier, encaissement du solde de la facture		

> TVA collectée sur l'encaissement :
> 9 600 / 1,2 = 8 000
> 8 000 * 20 % = 1 600

Partie cours :   Les effets de commerce

> **Enregistrement comptable : facture de vente de prestations de service**
> **(avec option sur les débits)**

Avec option sur les débits

> **Exemple numérique : taux de TVA 20 %**
>
> Le 2 janvier, réception d'un acompte de 1 200 €
>
> Le 15 janvier, établissement de la facture FV 126
> Prestation de service pour 9000 € En HT.
>
> Le 30 janvier, encaissement du solde de la facture FV 126

Journal de Banque

Numéro de compte	Intitulé du compte	Débit	Crédit
512.	Banque	1 200	
4191.	Clients-Acomptes reçus		1 200

Le 2 janvier, enregistrement de l'acompte

Journal des opérations diverses

Numéro de compte	Intitulé du compte	Débit	Crédit
4458.	TVA en attente de régularisation	200	
44571.	TVA collectée		200

Le 2 janvier, enregistrement de l'acompte

TVA collectée sur l'acompte :
HT : (1200 € / 1,2) = 1 000 €
TVA : 1 000 € * 20 % = 200 €

Partie cours : Les effets de commerce

Journal des ventes

Numéro de compte	Intitulé du compte	Débit	Crédit
411.	Clients	9 600	
4191.	Clients-Acomptes reçus	1 200	
704.	Travaux		9 000
44571.	TVA collectée		1 600
4458.	TVA en attente de régularisation		200
	Le 15 janvier, facture de vente FV126		

La TVA collectée sur la facture est de 1 800 € (9 000 * 20 %). Desquels il faut soustraire la partie exigible, et enregistrée lors de l'acompte

Journal de Banque

Numéro de compte	Intitulé du compte	Débit	Crédit
512.	Banque	9 600	
411.	Clients		9 600
	Le 30 janvier, encaissement du solde de la facture		

Partie cours : **Les effets de commerce**

3- Paramètre la TVA déductible :

- **Définition de la déductibilité de la TVA :**

La déductibilité de la TVA correspond à la possibilité pour une entreprise de récupérer la TVA qu'elle a payée lors de l'acquisition de biens, de services ou d'actifs immobilisés.

La TVA à déduire = TVA acquittée * coefficient de déductibilité

Le coefficient de déductibilité = coefficient d'assujettissement * coefficient de taxation * coefficient d'admission.

Le coefficient d'assujettissement : Ce coefficient peut varier entre 0 et 1, indiquant si le bien ou le service est acquis à des fins professionnelles dans le cadre d'activités soumises à la TVA, ou s'il est utilisé à des fins privées, et dans quelle proportion.

Exemple : Un chef d'entreprise achète un ordinateur pour son enfant. Le coefficient est de zéro, car il n'est pas destiné à son entreprise.

Le coefficient de taxation : Coefficient correspondant au degré d'affectation des biens ou services acquis à des opérations entrant dans le champ de la TVA. Il peut aussi varier de 0 à 1.

Exemple : Une entreprise réalise 400 000 € de chiffre d'affaires annuels en vente de marchandises, et 200 000 € de CA en location d'immeubles nus destinés à la location.

Son coefficient de taxation = 400 000 / 600 000 = 66,67% Car sa seconde activité est exonérée de TVA.

Le coefficient d'admission : Ce coefficient n'est pas déterminé par l'activité spécifique de l'entreprise, mais par la législation en vigueur. L'administration fiscale fournit une liste des biens et services pour lesquels la déduction de la TVA est partielle ou totalement exclue.

Exemple : Les véhicules de tourisme : coefficient de déduction =0

Gasoil : coefficient de déduction = 0,8   Essence : coefficient de déduction = 0,8

Partie cours : Les effets de commerce

> **Exemple numérique :** L'entreprise GAMMA fait l'acquisition d'un véhicule de tourisme, pour une valeur de 12 000 € en HT. TVA applicable 20 %. Facture FA 12 du 2 janvier N.

L'entreprise ne peut pas prétendre à déduire la TVA sur cette acquisition, puisqu'elle concerne un bien dont le coefficient de déduction est de zéro.

Numéro de compte	Intitulé	Débit	Crédit
2182.	Matériel de transport *(12 000 *1,2)*	14 400	
404.	Fournisseur d'immobilisation		14 400
	Facture FA 12 du 2 jan N		

- **Date de déductibilité de la TVA**

Il s'agit de la date à laquelle l'entreprise peut bénéficier de la déductibilité de la TVA payée sur ses achats. Les dates de déductibilité de la TVA sont liées aux dates d'exigibilité de la TVA collectée par le fournisseur. La déduction de la TVA n'est possible que sur présentation d'une facture où la TVA est clairement indiquée. Si le fournisseur est exonéré, le client ne peut pas déduire la TVA.

	Paiement d'un acompte	Livraison et / ou facturation	Paiement du solde
Achat de biens	**TVA déductible**	**TVA déductible**	
Achat de services (sans option)	**TVA déductible**		**TVA déductible**
Achat de services Option sur les débits	**TVA déductible**	**TVA déductible**	

Partie cours :   Les effets de commerce

> **Enregistrement comptable : facture d'achat de biens (marchandises, matières premières, consommables)**
>
> Exemple numérique : taux de TVA 20 %
> Le 2 janvier, versement d'un acompte de 1 200 €
> Le 15 janvier, réception de la facture FV 127 relative à l'achat de biens (marchandises ou matières premières) pour 9000 € En HT.
> Le 30 janvier, paiement du solde de la facture FV 127

Journaux de banque /OD : 2 janvier, Versement de l'acompte.

N° Cpt	Intitulé	Débit	Crédit
4091.	Fournisseurs avances versés	1200	
512.	Banque		1200
	Journal de Banque		
44566..	TVA déductible sur ABS	200	
4458.	TVA en attente de régularisation		200
	(100/ 1,2) * 20 %		
	Journal OD		

Journal des achats : 15 janvier, établissement de la facture FV 127

N° Cpt	Intitulé	Débit	Crédit
607.	Achat de marchandises	9 000	
44566.	TVA déductibles sur ABS	1600	
4458.	TVA en attente de régularisation	200	
4091.	Fournisseur avances versées		1200
401	Fournisseur de biens et services		9600

Journal de banque : 30 janvier Paiement de la dette

N° Cpt	Intitulé	Débit	Crédit
401.	Fournisseur de B/S	9 600	
512.	Banque		9 600

Partie cours : Les effets de commerce

> **Enregistrement comptable : facture d'achat de prestations de service**
> **(avec option sur les débits)**

Le fournisseur a fait une option sur les débits

> Exemple numérique : taux de TVA 20 %
>
> Le 2 janvier, versement d'un acompte de 1 200 €
>
> Le 15 janvier, réception de la facture FV 126 relative à l'achat de Prestation de service pour 9000 € En HT.
>
> Le 30 janvier, paiement du solde de la facture FV 126

Numéro de compte	Journal de Banque — Intitulé du compte	Débit	Crédit
4091.	Fournisseurs - acomptes versés	1 200	
512.	Banque		1 200
	Le 2 janvier, enregistrement de l'acompte		

Numéro de compte	Journal des opérations diverses — Intitulé du compte	Débit	Crédit
44566.	TVA déductible sur biens et services	200	
4458.	TVA en attente de régularisation		200
	Le 2 janvier, enregistrement de l'acompte		

TVA déductible sur l'acompte

HT : (1200 € / 1,2) = 1 000 €
TVA : 1 000 € * 20 % = 200 €

Partie cours : Les effets de commerce

Journal des achats

Numéro de compte	Intitulé du compte	Débit	Crédit
61. ou 62.	Services extérieurs	9 000	
44566.	TVA déductible sur biens et services	1 600	
4458.	TVA en attente de régularisation	200	
401.	Fournisseurs - achat de biens et services		9 600
4091.	Fournisseurs - acomptes versés		1 200

Le 15 janvier, facture d'achat FV126

La TVA c déductible sur la facture est de 1 800 € (9 000 * 20 %). Desquels il faut soustraire la partie exigible, et enregistrée lors de l'acompte

Journal de Banque

Numéro de compte	Intitulé du compte	Débit	Crédit
401.	Fournisseurs de biens et services	9 600	
512.	Banque		9 600

Le 30 janvier, paiement du solde de la facture

Partie cours : Les effets de commerce

Exemple numérique : d'après sujet DCG UE9 année 2020

Le 3 janvier N, verse un acompte au garagiste G, pour la réparation d'un véhicule utilitaire (TVA à 20 %). Chèque 065421 montant 240 €. Le garagiste a opté pour la TVA sur les débits.

Journal de Banque au 3 janvier N

Numéro de compte	Intitulé	Débit	Crédit
4091.	Acomptes versés	240	
512.	Banque		240

Journal des opérations diverses au 3 janvier N

Numéro de compte	Intitulé	Débit	Crédit
44566.	TVA déductible sur ABS	40	
4458.	TVA en attente		40

*Calcul de la TVA déductible (240 /1,2) *20%*

Partie cours :   **Les effets de commerce**

4- TVA intracommunautaire

La TVA intracommunautaire est la taxe sur valeur ajoutée appliquée sur les opérations commerciales effectuées entre assujettis dans l'espace de l'union européenne.

a- TVA intracommunautaire sur les livraisons de biens

Son principe est le suivant :

Une entreprise X en France achète des biens à un fournisseur Y situé dans un autre pays européen.

Le vendeur Y va émettre une facture en HT (sans aucune mention de TVA) à l'entreprise X.

Les opérations de déclaration de TVA sont de la responsabilité de l'acquéreur, qui va déclarer et le cas échéant s'acquitter de la TVA en vigueur dans son pays.

Dans notre exemple, c'est l'entreprise X qui devra faire la déclaration de la TVA avec les modalités applicables en France.

Cette TVA, entre aussi dans le champ de déductibilité. Elle est donc à la fois une TVA collectée et une TVA déductible (si les conditions de déductibilités sont présentes).

Quand la TVA est déductible à 100 %, on parle d'autoliquidation de TVA. L'entreprise qui effectue l'achat ne reverse donc pas de TVA, mais devra enregistrer une écriture comptable spécifique.

Le vendeur devra impérativement disposer du numéro intracommunautaire de son client. En absence de ce dernier, le processus est inversé. Le vendeur devra facturer la TVA à son client, au taux en vigueur dans son pays.

Partie cours :   **Les effets de commerce**

Enregistrement comptable
Vente intracommunautaire

Exemple numérique : taux de TVA 20 %
Le 5 janvier, établissement de la facture de vente FV45
relative à la vente de marchandises
pour 9000 € En HT.
Le client à fournit son numéro intracommunautaire

Journal des ventes

Numéro de compte	Intitulé du compte	Débit	Crédit
411.	Clients	9 000	
707.	Vente de marchandises		9 000
	Le 5 janvier, Facture de vente FV 45		

Aucune TVA facturée, et aucune TVA à comptabiliser.
Le client ayant remis son numéro intracommunautaire

Partie cours : Les effets de commerce

Enregistrement comptable
Acquisition intracommunautaire

> Exemple numérique : taux de TVA 20 %
> Le 7 février, acquisition auprès d'un fournisseur Hollandais de 10 000 € de marchandises.
> Facture numéro 123456 fournisseur GOGO

Journal des Achats

Numéro de compte	Intitulé du compte	Débit	Crédit
607.	Achat de marchandises	10 000	
401.	Fournisseurs de biens et services		10 000
	Le 7 février, facture d'achat 123456		

Journal des opérations diverses

Numéro de compte	Intitulé du compte	Débit	Crédit
44566	TVA déductible sur biens et services	2 000	
4452	TVA intracommunautaire		2 000
	Le 7 février, autoliquidation de la TVA		

Partie cours :   **Les effets de commerce**

Enregistrement comptable
Acquisition intracommunautaire

Cas d'une TVA non déductible

> Exemple numérique : taux de TVA 20 %
> Le 17 février, acquisition auprès d'un fournisseur espagnol d'un véhicule de tourisme, d'une valeur de 50000 € Facture numéro 345. Le véhicule est destiné à être utilisé sur le long terme.

Journal des immobilisations

Numéro de compte	Intitulé du compte	Débit	Crédit
2182.	Matériel de transport	50 000	
404.	Fournisseurs d'immobilisation		50 000

Le 17 février, facture d'achat 345

Journal des immobilisation

Numéro de compte	Intitulé du compte	Débit	Crédit
2182.	Matériel de transport	10 000	
4452	TVA intracommunautaire		10 000

Le 17 février, facture d'achat 345

La TVA n'est pas déductible pour les voitures de tourisme

Partie cours : **Les effets de commerce**

Exigibilité et fait générateur de la TVA intracommunautaire

Fait générateur de la TVA :

Selon le 1 de l'article 269 du Code général des impôts (CGI), pour les livraisons de biens entre les pays membres de l'Union européenne, le fait générateur se produit au moment de la livraison. ("BOI-TVA-BASE-20-10 - TVA - Base d'imposition - bofip.impots.gouv.fr")

Exigibilité le la TVA intracommunautaire sur livraison des biens :

La TVA devient exigible, le 15 du mois suivant la livraison

        Où

A La réception de la facture, si elle parvient avant la dite-date. (A condition qu'elle soit émise après réception effective des biens, réalisation de fait du fait générateur)

Déductibilité de la TVA intracommunautaire :

Si la TVA peut être exigible avant réception de la facture, elle ne peut en revanche pas être déductible sans disposition d'une facture de vente.

Exemple numérique : Acquisition de biens de valeur de

    100 D'un pays membre de l'UE. Livraison le 20 mars.

Partie cours : Les effets de commerce

> Acquisition de biens de valeur de
> 100 € d'un pays membre de l'UE. Livraison le 20 mars.
> Hypothèse d'un assujetti déposant des déclarations CA 3 mensuelles

Date du fait générateur	Date de facture	Montant de facture	Date d'exigibilité	Mois ou intervient l'exigibilité et montant à déclarer	Mois de dépôt de la déclaration
20 mars	25 mars	100	25 mars	Mars : 100 €	Avril
20 mars	2 avril	100	2 avril	Avril : 100 €	Mai
20 mars	15 avril	100	15 avril	Avril : 100 €	Mai
20 mars	25 mars	60	25 mars	Mars : 100 €	Avril
20 mars	16 avril	60	15 avril	Avril : 100 €	Mai
20 mars	3 mars / 25 mars	50 / 50	25 mars	Mars : 100 €	Avril
20 mars	3 mars / 16 avril	50 / 50	15 avril	Avril : 100 €	Mai
20 mars	3 mars	100	15 avril (1)	Avril : 100 €	Mai

> (1) Toutefois, si le bien est expédié le 3 mars et que la période entre le 3 mars et le 20 mars correspond aux délais d'acheminement du bien, l'acquéreur peut acquitter la TVA à la date de la facture soit le 3 mars

Partie cours :   Les effets de commerce

b- TVA intracommunautaire sur les prestations services :

Une prestation de services intracommunautaire n'a pas de définition propre au regard des textes communautaires relatif à la TVA. Entrent dans la catégorie des prestations de service, toutes les opérations qui ne peuvent être considérées comme des livraisons de biens.

La règle en ce qui concerne la TVA intracommunautaire sur les prestations de service est simple :

D'après l'article 259 du code des impôts :

C'est le client assujetti qui se charge de l'autoliquidation de la TVA dans son pays.

Si le client, donc l'acheteur n'est pas assujetti, alors c'est le vendeur qui se chargera des formalités de reversement dans son pays.

Quelques exceptions à la règle :

- Les prestations de service se rattachant à un immeuble
- Les ventes de consommation sur place (restauration)
- Location de moyens de transport de courte durée (moins de 90 jours)
- Les prestations d'agence de voyage et les prestations de transport des voyageurs
- Les foires, les manifestations sportives, culturelle, scientifiques, d'éducation et de divertissements.

Partie cours :   Les effets de commerce

5- Régime de déclaration de la TVA

Franchise de base :

Les entreprises jouissant d'une franchise de base, n'ont pas l'obligation de déclaration de TVA.

Elles ne facturent pas la TVA, et ne peuvent pas prétendre à récupérer la TVA avancée sur leurs achats.

Les conditions de chiffres d'affaires, pour jouir de la franchise de Base :

- 91 900 € de chiffre d'affaires pour les activités de livraison de biens et d'hébergement.
- 36 800 € de chiffre d'affaires pour les activités de prestations de services.

Régime simplifié d'imposition :

Les entreprises, souhaitant opter pour le régime simplifié d'imposition ne doivent pas être, par leur activité ou forme, concernées par la franchise de base.

Elles doivent aussi remplir les conditions suivantes :

Condition de chiffres d'affaires :

Les conditions de chiffres d'affaires, pour jouir du régime simplifié d'imposition

- Être dans l'intervalle de 36 800 € et 254 000 € : pour les activités de prestations de services.
- Être dans l'intervalle de 91 900 € et 840 000 € : pour les activités de vente et de livraison de biens.

Partie cours : Les effets de commerce

Condition de TVA exigible :

- La TVA due inférieure à 15 000 €

Condition de déclaration :

- Les entreprises ayant opté pour ce régime d'imposition en matière de TVA doivent l'avoir mentionné lors de la création (formulaire P0 ou M0 déposé auprès de la chambre de commerce).
- A défaut, la déclaration doit être effectuée ultérieurement auprès des services des impôts (la date d'effet : le 1 jour du mois de l'option)

Déclaration et paiement :

- La déclaration se fait annuellement
- Le formulaire dématérialisé est le (3517 CA 12) à fournir avant le premier jour ouvré après le 1 mai de l'année N+1, pour un exercice se clôturant le 31 décembre.
- Deux acomptes doivent être versés au cours de l'année de référence N :

Acomptes	Date	Calcul
1er acompte	Juillet N	55% de la TVA due au titre de l'année N-1
2ème acompte	Décembre N	40% de la TVA due au titre de l'année N-1
Remarque : Sont exempts de versements d'acomptes, les entreprises dont la TVA due au titre de l'exercice précédent n'a pas dépassé 1000 €.		

Partie cours : Les effets de commerce

Comptabilisation des acomptes :

Exemple numérique :

L'entreprise ALPHA clôture son exercice comptable au 31 décembre. Au cours de l'exercice précédent N-1, l'entreprise APLHA s'est acquitté de 9 000 € au titre de la TVA à payer.

Définir le montants et les dates des acomptes à verser pour l'exercice N.

Enregistrer les opérations de déclaration et de paiement des acomptes de TVA.

Acomptes	Date	Calcul	Montant
1er acompte	Juillet N	55% de la TVA due au titre de l'année N-1	4 950 €
2ème acompte	Décembre N	40% de la TVA due au titre de l'année N-1	3 600 €
		TOTAL	8 550 €

Partie cours : **Les effets de commerce**

Opération : Enregistrement de l'acompte de juillet

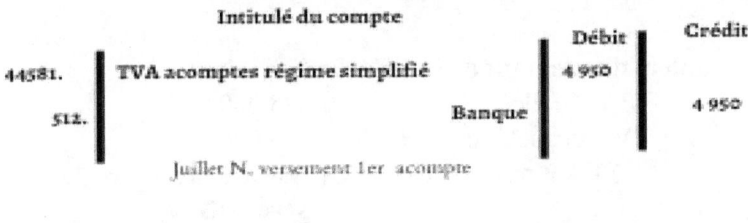

Opération : Enregistrement de l'acompte de décembre

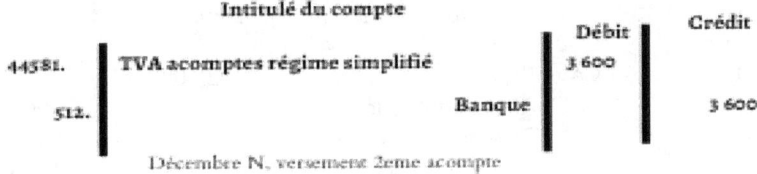

Comptabilisation de la régularisation :

Exemple numérique :

L'entreprise GAMMA a versé deux acomptes sur TVA, au titre de l'année N. 4 950 € durant le mois de juillet et 3 600 € durant le mois de décembre.

Durant l'année N, la balance des comptes indique une TVA collectée de 25 000 € et une TVA déductible de 15 000 €.

Calculer au titre de l'année N le montant des acomptes versés

Calculer le montant de TVA à régulariser et enregistrer les opérations au journal.

Partie cours : **Les effets de commerce**

Indiquer base de calcul des acomptes de TVA pour l'exercice à venir (N+1)

Calcul du montant de la TVA à régulariser	
TVA collectée	25 000 €
TVA déductible	15 000 €
TVA à payer	10 000 € (base des acomptes de l'exercice N+1)
Acomptes versés	8 550 €
TVA à régulariser	**1 450 €**

<u>Journal des OD :</u> Ecriture de régularisation TVA année N

Numéro de compte	Intitulé	Débit	Crédit
44571.	TVA collectée	25 000	
44566.	TVA déductible sur ABS		15 000
44581.	TVA acomptes versés		8 550
44551.	TVA à décaisser		1450
	Avant le 1 mai N+1		

<u>Journal de banque :</u> Acquittement de la TVA due au titre de l'année N

Numéro de compte	Intitulé	Débit	Crédit
44551.	TVA à décaisser	1450	
512.	Banque		1450
	Avant le 1 mai N+1		

Partie cours : **Les effets de commerce**

Régime d'imposition réel normal

Conditions :

Le régime réel normal s'applique aux entreprises qui :

- Réalisent un chiffre d'affaires supérieur à 840 000 € en HT pour des activités de ventes de biens (marchandises, fournitures, consommables)
- Réalisent un chiffre d'affaires supérieur à 254 000 € en HT pour des activités de prestations de services.
- Sont exclues par un dispositif légal du régime simplifié
- Font l'option d'être soumises au régime réel normal, bien qu'elles soient éligibles de plein droit au régime simplifié.

Déclaration :

La déclaration se fait en télétransmission, via le formulaire n° 3310 CA3.

Sa périodicité est mensuelle, cependant, les entreprises peuvent opter pour une déclaration trimestrielle, si le montant de la TVA due annuelle est inférieur à 4000 €.

Remboursement de la TVA :

Les formulaires de déclaration n° 3310 CA3 ou 3517 CA12 peuvent faire ressortir un crédit de TVA, ce qui signifie que, pour la période de référence, la TVA collectée est inférieure à la TVA déductible. Dans ce cas, l'entreprise peut soumettre une demande de remboursement de ce crédit.

Partie cours :   Les effets de commerce

IV- Les effets de commerce

1- Principe des effets de commerce :

Les effets de commerce sont des moyens dont dispose une entreprise pour s'acquitter de ses dettes commerciales.

On Peut citer :

- Les chèques bancaires.
- Les billets à ordre.
- Les lettres de change.

a- <u>Les chèques bancaires</u>

Les chèques bancaires sont des instruments de paiement fournis sous forme de carnet. Ils sont associés à un compte bancaire, qui doit être suffisamment approvisionné pour permettre l'encaissement du chèque. En France, au-delà de cette période, la banque n'est plus en mesure de procéder à son encaissement.

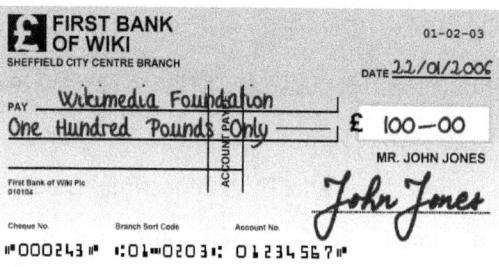

Partie cours : Les effets de commerce

Enregitrement comptable
Emission d'un chèque bancaire

Le 2 janvier N, émission du chèque Numéro 123, en paiement de la dette au fournisseur APLHA, pour un montant de 12 000 €

Journal de Banque

Numéro de compte	Intitulé du compte	Débit	Crédit
401.	Fournisseurs	12 000	
512.	Banque		12 000
	Le 2 janvier, chèque 123 fournisseur APLHA		

Le suivi de l'encaissement du chèque par son le bénéficiaire se fait par le biais des rapprochements bancaires.

Partie cours : Les effets de commerce

Enregitrement comptable
Réception d'un chèque bancaire

Le 2 janvier N, réception du chèque Numéro 123, pour solder la créance client GAMMA pour un montant de 12 000 €.

Le 4 janvier le chèque bancaire est remis à l'encaissement.

Journal de Banque

Numéro de compte	Intitulé du compte	Débit	Crédit
5112.	Chèques à encaisser	12 000	
411.	Client		12 000
	Le 2 janvier, réception du chèque 123 Client GAMMA		

Journal de Banque

Numéro de compte	Intitulé du compte	Débit	Crédit
512.	Banque	12 000	
5112.	Chèques à encaisser		12 000
	Le 4 janvier, remise à l'encaissement du chèque 123 Client GAMMA		

La confirmation de réception des fonds se fait par le biais des rapprochements bancaires.

Partie cours : Les effets de commerce

b- Les billets à ordre :

Par le biais du billet à ordre, le souscripteur prend l'engagement envers le bénéficiaire de lui payer une somme donnée à telle échéance.

Un billet à ordre doit impérativement porter les mentions suivantes :

- Le terme billet à ordre.
- Le nom et signature du tireur (l'émetteur)
- Le RIB du tireur
- Le nom et signature du tiré (le bénéficiaire)
- La date du jour
- L'échéance : la date de paiement, durée maximale 3 mois
- Le montant en chiffres et en lettres

Le compte bancaire doit disposer des provisions, non pas dès l'émission, comme c'est le cas pour les chèques bancaires, mais à l'échéance.

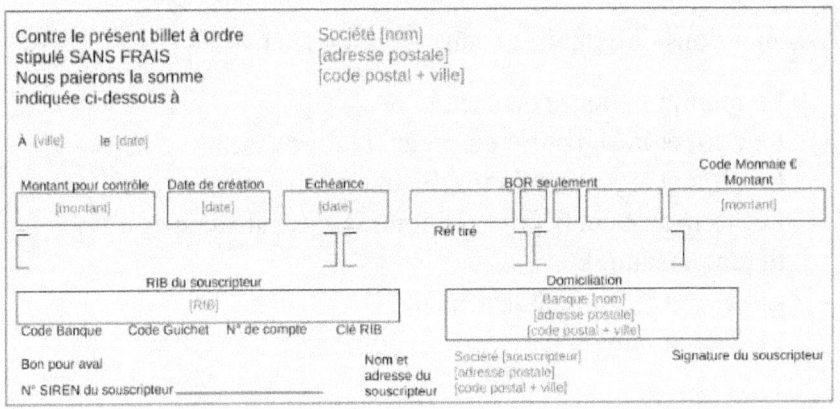

Partie cours :   **Les effets de commerce**

c- Les lettres de change :

Les lettres de change (traites) sont des moyens de paiement commerciaux réservés aux entreprises. Contrairement aux chèques et aux billets à ordre, qui peuvent être utilisés aussi comme des moyens de paiement entre les particuliers.

L'autre particularité de la lettre de change, par rapport au billet à ordre est qu'elle est émise par le créancier (fournisseur), doit être acceptée par le débiteur (client) pour acceptation.

Le tireur (créancier) demander au tiré (débiteur) de payer une somme donnée au bénéficiaire (qui peut être lui-même, ou une tierce personne) à telle échéance.

Le tiré (débiteur) accepte la lettre de change. Elle devient alors effective.

Les mentions obligatoires d'une lettre de change :

- La mention « lettre de change. »
- Le nom et la signature du tireur (le fournisseur)
- Le nom et signature du tiré (le client)
- Le nom du bénéficiaire (le fournisseur lui-même ou une tierce personne)
- La date et lieu d'établissement
- La date et lieu du paiement

Société (Tireur) 20 Rue d'Exemple 94400 Vitry-sur-Seine			Contre cette LETTRE DE CHANGE stipulée SANS FRAIS veuillez payez à l'ordre de *Nous-mêmes*			
A Vitry-sur-Seine Le 26/03/2014						Code Monnaie €
Montant pour contrôle 25 000 €	Date de création 26/03/2014	Échéance 30 jours de vue		LCR seulement REF Tiré		Montant 25 000 €
		RIB du tiré			Domiciliation Crédit du Nord 50 Rue d'Anjou, 75008 Paris	
30076 Code Banque	02020 Code Guichet	187638200200 N° de compte	59 Clé RIB			
Valeur en : *Marchandises* Acceptation ou Aval Signature (tiré) Signature (avaliste)			Nom et adresse du tiré	Société (Tiré) 12 Rue de l'étoile 75001 Paris		Signature du tireur Signature (tireur)

Partie cours : Les effets de commerce

2- Remise à l'encaissement ou remise à l'escompte :

Autre particularité des billets à ordre et des lettres de change, est qu'ils peuvent être remis à l'escompte, ou à l'encaissement.

Remise à l'encaissement :

Si le bénéficiaire attend la date d'échéance pour encaisser l'effet de commerce, il est considéré comme remis à l'encaissement. La banque prélève alors des frais commerciaux liés aux manipulations bancaires et reverse le solde sur le compte bancaire du bénéficiaire.

Remise à l'escompte :

Si le bénéficiaire n'attend pas la date d'échéance pour encaisser l'effet de commerce, et choisit une date avancée, l'effet de commerce est alors remis à l'escompte. En plus des frais bancaires, la banque prélève des intérêts (escomptes), calculés en fonction de la durée, du taux d'intérêt et de la somme prêtée.

L'endossement :

L'endossement est le moyen par lequel un bénéficiaire transmet un effet de commerce à un nouveau bénéficiaire, que ça soit pour paiement ou pour gage.

Pour se faire, les signatures des deux parties prenantes doivent être apposées à l'arrière du document sur papier.

3- Comptabilisation des lettres de changes, et des billets à ordre relevés

Les étapes de comptabilisation sont identiques pour ces deux effets de commerce, à l'exception d'une seule différence : l'enregistrement de la

Partie cours : Les effets de commerce

lettre de change intervient après son acceptation, tandis que celui du billet à ordre se fait dès son émission.

Exemple numérique : Effet de commerce remis à l'encaissement

Le premier mars N, le fournisseur ALPHA effectue une livraison de marchandises au profit de son client GAMMA pour une valeur de 123 000 € en HT. (Taux de TVA applicable 20 %). La facture de vente FV345 est aussi tôt établie et envoyée au client.

Le 15 mars N, le client GAMMA envoie une lettre de change relevée pour acceptation, à échéance du 15 juin N. La même journée, La lettre est acceptée et renvoyée par le fournisseur.

Le 14 juin, Le fournisseur APLHA présente l'effet de commerce à sa banque, pour son encaissement.

Le 15 juin, les fonds sont disponibles sur le compte du fournisseur ALPHA. La banque a cependant prélevé des frais de manipulation (90 € en HT + 18 € de TVA)

Comptabilisation des opérations chez le fournisseur (ALPHA)

Journal des ventes au 1 mars N

Numéro de compte	Intitulé du compte	Débit	Crédit
411.	Client	147 600	
707.	Vente de marchandises		123 000
44571.	TVA collectée		24 600
	FV345 client GAMMA		

Journal des OD : au 1 mars N

Numéro de compte	Intitulé	Débit	Crédit
413.	Client, effets à recevoir	147 600	
411.	Client		147 600
	Acceptation de la lettre de change		

Partie cours :   Les effets de commerce

Journal des OD : au 14 juin N

Numéro de compte	Intitulé	Débit	Crédit
5113.	Effets remis à l'encaissement	147 600	
413.	Client, effets à recevoir		147 600
	Présentation de la LCR pour encaissement		

Journal de Banque : au 15 juin N

Numéro de compte	Intitulé	Débit	Crédit
512.	Banque	147 492	
627.	Frais bancaires	90	
44566.	TVA déductible sur B/S	18	
5113.	Effets remis à l'encaissement		147 600
	Encaissement de la LCR		

Comptabilisation des opérations chez le client (GAMMA)

Journal des achats : au 1 mars N

Numéro de compte	Intitulé du compte	Débit	Crédit
607.	Achat de marchandises	123 000	
44566.	TVA déductible sur B/S	24 600	
401.	Fournisseurs de B/S		147 600
	FV345 fournisseur ALPHA		

Journal des OD : au 1 mars N

Numéro de compte	Intitulé	Débit	Crédit
401.	Fournisseurs de B/S	147 600	
413.	Fournisseur, effets à payer		147 600
	Acceptation de la lettre de change		

Partie cours : Les effets de commerce

Aucune écriture

Numéro de compte	Intitulé du compte	Débit	Crédit
	Présentation de la LCR pour encaissement		

<u>Journal de Banque</u> : au 15 juin N

Numéro de compte	Intitulé du compte	Débit	Crédit
413.	Fournisseur, effet à payer	147 600	
512.	Banque		147 600
	Effets échus		

Exemple numérique 2 : effet de commerce remis à l'escompte.

Reprise de l'énoncé de l'exemple 1

Le premier mars N, le fournisseur ALPHA effectue une livraison de marchandises au profit de son client GAMMA pour une valeur de 123 000 € en HT. (Taux de TVA applicable 20 %). La facture de vente FV345 est aussi tôt établie et envoyée au client.

Le 15 mars N, le client GAMMA envoie une lettre de change relevée pour acceptation, à échéance du 15 juin N. La même journée, La lettre est acceptée et renvoyée par le fournisseur.

Le fournisseur APLHA, ayant un besoin à court terme en trésorerie, remet la traite à l'escompte à la date du 8 mai N. La banque lui propose un escompte de 500 € des frais bancaires de 90 € et une TVA sur les frais bancaires de 18€.

Les fonds sont virés sur le compte bancaire le 9 mai N.

Les écritures comptables : Pour le client, les enregistrements comptables restent identiques que les traites soient remises à l'encaissement ou non. La comptabilité du client demeure entièrement

Partie cours : Les effets de commerce

distincte de la décision du fournisseur de patienter jusqu'à l'échéance pour l'encaissement de sa traite ou d'opter pour son escompte afin d'obtenir un flux de trésorerie anticipé. L'escompte est donc une transaction entre le fournisseur et sa banque. En plus des frais bancaires TTC, la banque prélève un escompte calculé selon la formule suivante :

(Montant nominal de la traite * taux d'intérêt * nombre de jours) / 360.

Enregistrement comptable chez le fournisseur :

La remise à l'escompte de la traite, et son encaissement présente des différences.

Journal des OD : au 14 juin N

Numéro de compte	Intitulé	Débit	Crédit
5114.	Effets remis à l'escompte	147 600	
413.	Client, effets à recevoir		147 600
	Présentation de la LCR pour escompte		

Journal de Banque : au 15 juin N

Numéro de compte	Intitulé	Débit	Crédit
512.	Banque	146 992	
627.	Frais bancaires	90	
44566.	TVA déductible sur B/S	18	
661.	Escomptes	500	
5114.	Effets remis à l'escompte		147 600
	Encaissement de la LCR		

4- Le billet à ordre et lettre de change magnétiques :

La lettre de change et le billet à ordre magnétiques n'ont aucun support papier. Tout le processus est informatisé. Crée, et transmis par logiciels.

Partie cours :   **Les effets de commerce**

Ils n'ont donc pas la valeur juridique d'un effet de commerce, puisque non soumis aux règles du droit cambiaire par manque des signatures des parties prenantes.

Enregistrement comptable

LCR ou BOR magnétiques remis à encaissement

Comptabilité du fournisseur :

Journal de vente : Comptabilisation de la facture de vente

Numéro de compte	Intitulé	Débit	Crédit
411.	Clients	Montant TTC	
707.	Vente de marchandises		CA en HT
44571.	TVA collectée		TVA

Acceptation de la LCR : aucune écriture

Remise de la LCR à l'encaissement : aucune écriture

Journal de banque : A l'encaissement de la traite

Numéro de compte	Intitulé	Débit	Crédit
512.	Banque	Solde restant	
627.	Frais bancaire	Frais	
44566.	TVA déductible	TVA sur frais	
411.	Clients		Montant TTC

Comptabilité du client :

Journal des achats : enregistrement d'une opération d'achat

Numéro de compte	Intitulé	Débit	Crédit
607.	Achat de marchandise	Achat en HT	
44566.	TVA déductible sur B/S	TVA	
401.	Fournisseur de ABS		Montant TTC

Partie cours : Les effets de commerce

Acceptation de la LCR : aucune écriture

Remise de la LCR à l'encaissement : aucune écriture

Journal de banque : au paiement de la traite

Numéro de compte	Intitulé	Débit	Crédit
401.	Fournisseur de B/S	TTC	
512.	Banque		TTC

LCR ou BOR magnétiques remis à l'escompte

Comptabilité du client :

La comptabilité du client est indépendante du fait que le fournisseur présente la traite à l'encaissement ou l'escompte. Les enregistrements comptables sont donc les mêmes.

Comptabilité du fournisseur :

Journal des ventes : comptabilisation de la facture de vente

Numéro de compte	Intitulé	Débit	Crédit
411.	Clients	Montant TTC	
707.	Vente de marchandises		CA en HT
44571.	TVA collectée		TVA

Acceptation de la LCR : aucune écriture

Remise de la LCR à l'escompte : aucune écriture

Partie cours :   Les effets de commerce

Journal de banque : l'encaissement de la traite

Numéro de compte	Intitulé	Débit	Crédit
512.	Banque	Solde restant	
627.	Frais bancaire	Frais	
661.	Escomptes	Intérêts	
44566.	TVA déductible	TVA sur frais	
519.	Concours bancaires		Montant TTC

Journal des OD : à l'échéance de la traite

Numéro de compte	Intitulé	Débit	Crédit
519.	Concours bancaires	X	
411.	Client		X

Exemple numérique : d'après sujet DCG UE 9 année 2022

Comptabiliser les opérations suivantes, au journal de la société SAS MALO BO, entreprise de confection de meubles en bois. Taux de TVA applicable 20% ;

Le 17 avril N : émission de la facture n°VP 12347 au client SA DELGRESS relative à la vente d'une table en manguier massif d'une valeur brute de 4000 € en HT. Remise de 5 %. Règlement au 15 juin par lettre de change relevé magnétique.

Le 20 avril : Présentation à l'escompte auprès de la banque de SAS MALO BO de la lettre de change magnétique (LCR magnétique) du 17 avril.
Le 22 avril : Réception de l'avis de crédit n° VT 0705 relatif à la remise à l'escompte de la lette de change relevé magnétique du 20 avril, aux conditions suivantes : Intérêts 42 €, frais bancaires 5€ en HT.

Partie cours : Les effets de commerce

Enregistrement comptable des opérations au journal de l'entreprise SAS MALO BO

Opération : Vente de produits finis, paiement à terme

Journal des ventes au 17 avril N

Numéro de compte	Intitulé du compte	Débit	Crédit
411.	Clients	4 560	
7135	Vente de PF		3 800
44571	TVA collectée		760

Facture de vente VP 12347 client DELGRESS

Opération : Remise de la traite à l'escompte

La date du 20 avril N

Numéro de compte	Intitulé du compte	Débit	Crédit
	Aucune écriture		

Opération : Réception des fonds sur le compte bancaire

La date du 22 avril N

Numéro de compte	Intitulé du compte	Débit	Crédit
512.	Banque	4 512	
661.	Charges financières	42	
6275.	Frais bancaires	5	
44566.	TVA déductible sur ABS	1	
519.	Concours bancaires		4 560

Partie cours :   Les dettes et créances en monnaie étrangère

V- Les dettes et créances en monnaie étrangère

1- Les dettes ou créances d'exploitation et commerciales :

Les dettes et créances libellées dans une monnaie étrangère proviennent des transactions commerciales pour lesquelles les factures sont émises dans une devise étrangère. Avant leur comptabilisation, elles doivent être converties en euros. Les variations des taux de change entre le moment où les dettes ou créances sont constatées et celui de leur paiement effectif engendrent des pertes ou des gains de change.

Les pertes s'enregistrent dans le compte (656. Perte de change)

Les gains s'enregistrent dans le compte (756. Gain de change)

Exemple numérique : D'après sujet DCG UE 9 année 2022

Enregistrez les opérations suivantes au journal de la société SAS MALO BO, spécialisée dans la confection de meubles en bois. Le taux de TVA applicable pour l'ensemble des opérations imposables est de 20 %.

- **Le 7 avril N** : Réception de la facture n°CF21047 du fournisseur sud-africain MANDA, pour l'achat de vases d'un montant de 10 000 ZAR. La TVA sera réglée via un transitaire. Le taux de change au 7 avril est de 1 ZAR = 0,057 €.

- **Le 15 avril N** : Paiement de la facture n°CF21047 (avis de débit n°VT097). Le taux de change du jour est de 1 ZAR = 0,058 €.

Partie cours : Les dettes et créances en monnaie étrangère

Opération du 7 avril : Facture d'achat d'un montant 10 000 ZAR

Conversion

1 ZAR	0,057 €
10 000 ZAR	570 €

Enregistrement comptable : Facture d'une importation hors UE, libellée et comptabilisée sans TVA.

La TVA fera l'objet d'une écriture en autoliquidation, montant de la TVA (570 € 20%)*

<u>Journal des achats</u> : au 7 avril N

Numéro de compte	Intitulé	Débit	Crédit
607.	Achat de marchandise	570	
401.	Fournisseur de B/S		570
44566.	TVA déductible sur B/S	114	
4453.	TVA sur importation due		114
	Fournisseur MANDA FA 21047		

Opération du 15 avril N : Paiement de la dette envers le fournisseur MANDA (10 000 ZAR)

Conversion

1 ZAR	0,058€
10 000 ZAR	580 €

Partie cours : Les dettes et créances en monnaie étrangère

Comptabilisation :

La dette envers le fournisseur MANDA, enregistrée lors de l'achat le 7 avril N, s'élève à 570 €. Cependant, le paiement de 10 000 ZAR au fournisseur MANDA, correspondant à 580 € au taux de change en vigueur cette date, entraîne une perte de change.

Journal de banque, le 15 avril N

compte	Intitulé du compte	Débit	Crédit
401.	Fournisseurs de ABS	570	
656.	Perte de change sur créances commerciales	10	
512.	Banque		580

Avis dé débit n°VT097, paiement de la facture n°CF21047 fournisseur MANDA

Partie cours : Les emprunts bancaires

VI- Les emprunts bancaires

1- Enregistrement comptable de la réception d'un emprunt bancaire :

Exemple numérique :

L'entreprise GAMMA à contracté un nouvel emprunt de 25 000 €. La durée de l'emprunt est de 5 ans, le taux d'intérêt annuel est de 5%.

Les fonds ont été versés sur le compte bancaire de l'entreprise GAMMA le 1 mars N. Avis de crédit 4560.

Journal de banque, le 1 mars N

compte	Intitulé du compte	Débit	Crédit
512.	Banque	25 000	
164.	Emprunts bancaires		25 000

Avis de crédit 4560, emprunt bancaire

Partie cours :   Les emprunts bancaires

2- Remboursement d'un emprunt :

Trois méthodes de remboursement sont proposées par les banques et les organismes financiers :

a- Par mensualités / annuités constantes

Une mensualité = Un décaissement mensuel

Une annuité = Un décaissement annuel

Le décaissement = remboursement + les intérêts périodiques.

Lexique :

Capital : Le montant emprunté (C)

Intérêts : Somme à verser périodiquement, en rémunération de l'emprunt, suivant un taux d'intérêt (i)

Période : durée séparant deux décaissements

Nombres de périodes : (n)

Annuité (a) ou mensualité (m) = décaissement périodique

Calcul de l'annuité constante :

$A = (C * i) / (1-(1+i)^{-n})$

Partie cours :   Les emprunts bancaires

Exemple numérique : Remboursement d'un emprunt par annuités constantes

L'entreprise ALPHA contracte un emprunt dont les modalités sont les suivantes :

- Capital emprunté : 12 000 €
- Durée : 4 ans
- Taux d'intérêt annuel : 5 %
- Remboursement : par annuités constantes

Calculer le montant de l'annuité

Etablir le plan d'amortissement de l'emprunt

Données : C = 12 000 €   n = 4   i = 5%

Calcul de l'annuité constante :

$a = (12\,000 * 0,05) / (1 - 1,05^{-4})$ **a = 3 384,14 €**

Tableau de l'amortissement de l'emprunt

Années	Capital restant dû début de période	Annuités	Intérêts	Amortissement (Remboursement)	Capital restant en fin de période
N	12 000	3 384,14	600	2 784,14	9 215,86
N+1	9 215,86	3 384,14	460,79	2 923,35	6 292,51
N+2	6 292,51	3 384,14	314, 62	3 069,51	3 223
N+3	3 223	3 384,14	161, 14	3 223	0

Intérêts = capital début de période * taux d'intérêt

Amortissement = Annuité – intérêts

Capital restant en fin de période = capital restant dû en début de période – amortissement

Partie cours :   Les emprunts bancaires

b- Par amortissements constants

Cette méthode garantit des remboursements constants, donc des amortissements d'emprunt constants. Cependant, les annuités varieront d'une année à l'autre.

Calcul des amortissements constants :

Amortissements = Capital emprunté / nombre de période.

Exemple numérique : Remboursement d'un emprunt par des amortissements constants

L'entreprise ALPHA contracte un emprunt dont les modalités sont les suivantes :

- Capital emprunté : 12 000 €
- Durée : 4 ans
- Taux d'intérêt annuel : 5 %
- Remboursement : par des amortissements constants

Calculer le montant des amortissements

Etablir le plan d'amortissement de l'emprunt

Données : $C = 12\ 000\ €\quad n = 4\quad i = 5\%$

Calcul des amortissements constants :

(12 000 € / 4)   amortissements constants = 3 000 €

Partie cours :   Les emprunts bancaires

Tableau de l'amortissement de l'emprunt

Années	Capital restant dû début de période	Annuités	Intérêts	Amortissement (Remboursement)	Capital restant en fin de période
N	12 000	3 600	600	3 000	9 000
N+1	9 000	3 450	450	3 000	6 000
N+2	6 000	3 300	300	3 000	3 000
N+3	3 000	3 150	150	3 000	0

Annuités = Amortissements + intérêts

Intérêts = capital début de période * taux d'intérêt

Capital restant en fin de période = capital restant dû en début de période – amortissement

Le coût de l'emprunt = somme des intérêts = 1 500 €

c- <u>Par amortissement in-fine</u>

Par cette méthode, l'entreprise ne rembourse le capital emprunté qu'en fin de la durée de l'emprunt. Elle devra cependant s'acquitter à chaque fin de période du montant des intérêts courus.

Exemple numérique : Remboursement d'un emprunt par des amortissements constants

L'entreprise ALPHA contracte un emprunt dont les modalités sont les suivantes :

- Capital emprunté : 12 000 €
- Durée : 4 ans
- Taux d'intérêt annuel : 5 %
- Remboursement : par un amortissement in fine

Etablir le plan d'amortissement de l'emprunt

Partie cours :   Les emprunts bancaires

Tableau de l'amortissement de l'emprunt

Années	Capital restant dû début de période	Annuités	Intérêts	Amortissement (Remboursement)	Capital restant en fin de période
N	12 000	**600**	600	**0**	12 000
N+1	12 000	**600**	600	**0**	12 000
N+2	12 000	**600**	600	**0**	12 000
N+3	12 000	**12 600**	600	**12 000**	0

Annuités = Amortissements + intérêts

Intérêts = capital début de période * taux d'intérêt

Capital restant en fin de période = capital restant dû en début de période – amortissement

Le coût de l'emprunt = somme des intérêts = 2 400 €

d- Avantages et inconvénients des méthodes de remboursement :

Méthodes	Avantage	Inconvénients
Annuités constantes	Décaissements constants qui fournissent une facilité dans l'établissement des plans de trésorerie	Le coût (somme des intérêts)
Amortissements constants	Méthode la moins chère (sommes des intérêts)	Des décaissements différents chaque période.
Amortissement in-fine	Des décaissements moins importants les premières années.	Méthode la plus onéreuse (sommes des intérêts)

Partie cours :   Les emprunts bancaires

3- Enregistrement comptable des remboursements des emprunts :

Journal de banque

compte	Intitulé du compte	Débit	Crédit
164.	Emprunts bancaires	Amortissement	
661.	Charges financière, intérêts	Intérêts	
512.	Banque		Annuité

Exemple numérique : d'après le sujet de l'UE 9 du DCG 2022

- La SAS MALO BO a acquis un véhicule utilitaire d'occasion en N-3. Madame Digon, la gérante, souhaite désormais remplacer ce véhicule devenu vétuste et polluant par un modèle électrique qu'elle envisage d'acheter auprès du fournisseur JOCESAB Automobile. Étant donné l'ampleur de l'investissement (environ 50 000 €), Mme Digon envisage de le financer par un emprunt bancaire. Elle souhaite opter pour une modalité de remboursement qui lui permettrait de différer les décaissements le plus tard possible. A l'aide de l'annexe A,

- Présenter, sur un même document, la première ligne des tableaux d'amortissement de l'emprunt pour chacune des trois options proposées par la banque à Madame Digon afin de permettre une comparaison.

- Indiquer quelle modalité de remboursement serait la plus appropriée pour Madame Digon.

- Enregistrer dans le journal comptable la réception des fonds à la date du 1er juin N.

Partie cours : Les emprunts bancaires

Document 3 – Mail de madame Digon, compte-rendu de l'entretien mené avec madame Digon et son banquier.

De : madame Digon Sujet : compte-rendu de l'entretien avec mon banquier. Pour : stagiaire cabinet LOUENN & ASSOCIÉS	26/05/2021

Bonjour,

En vue de l'acquisition d'un véhicule de livraison électrique, j'ai rencontré mon conseiller bancaire pour l'obtention d'un prêt bancaire. Il me propose un financement du montant de 50 000 € aux conditions suivantes :
- durée 5 ans ;
- date de mise à disposition des fonds : 01/06/2021, annuités payables à la date anniversaire ;
- frais bancaires : 300 € HT.
- Taux d'emprunt et modalités de remboursement :
    - taux 3 %, remboursement in fine
    - taux 2,5 %, amortissement constant ;
    - taux 2,5 %, annuité constante (annuité de 10 762,34 €).

Cordialement.

Madame DIGON

Annexe A :

Tableau de comparaison (1ere annuité seulement)

MODALITE	Echéance	Capital restant dû en début de période	Intérêts	Amortissements	Annuités	Capital restant dû en fin de période
Amortissements constants						
Annuités constantes					10 762,34	
In-fine						

Corrigé :

Données :

Montant de l'emprunt : 50 000 €   Durée : 5 ans

Taux proposés par la banque :

Modalités	Taux
Amortissement in-fine	3%
Amortissements constants	2,5%
Annuités constantes	2,5%

Partie cours : **Les emprunts bancaires**

Annexe A :

Tableau de comparaison (1ere annuité seulement)						
MODALITE	Echéance	Capital restant dû en début de période	Intérêts	Amortissements	Annuités	Capital restant dû en fin de période
Amortissements constants	1	50 000	1 250	10 000	11 250	40 000
Annuités constantes	1	50 000	1 250	9 512,34	10 762,34	40 487,66
In-fine	1	50 000	1 500	0	1 500	50 000

La gérante, souhaitant que les décaissements soient les plus éloignés possible, devra opter pour un remboursement in-fine.

Enregistrement comptable de la réception des fonds :

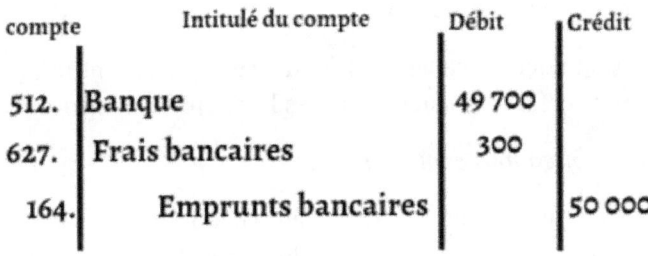

compte	Intitulé du compte	Débit	Crédit
512.	Banque	49 700	
627.	Frais bancaires	300	
164.	Emprunts bancaires		50 000

Réception des fonds, au 1 juin N

Partie cours : **Les valeurs mobilières de placement**

VII- Les valeurs mobilières de placement (VMP)

1- Définition des VMP :

Les valeurs mobilières de placement sont des titres financiers (actions, obligations, parts sociales) acquis par l'entreprise dans l'optique d'être revendus sur le court terme (moins d'un an), pour le placement d'une trésorerie excédentaire.

Ce qui incite l'entreprise à acquérir des VMP est une plus-value sur la revente des titres, et /ou des intérêts à percevoir dans le cas des obligations.

Pour rappel :

Une action / part sociale : est une participation dans le capital d'une société. L'entreprise qui détient les actions, possède une fraction proportionnelle dans l'entreprise émettrice.

La rémunération des actions sont les dividendes.

Une obligation : est une dette financière. L'entreprise qui détient une obligation, possède une créance financière envers l'entreprise émettrice.

La rémunération des obligations sont les intérêts.

Il existe des organismes qui servent d'intermédiaire pour les entreprises, désireuses d'acquérir des VMP, mais trouvant des difficultés à accéder aux marchés financiers. Ces organismes sont les organismes de placement collectif en valeurs mobilières de placement (OPCVM).

Partie cours :   Les valeurs mobilières de placement

2- Comptabilisation de l'achat des VMP :

Exemple numérique : L'achat des VMP

Le 14 février, L'entreprise BETA fait l'acquisition de 300 actions de l'entreprise SIGMA. Ces titres sont acquis pour une valeur globale de 3000 €. Elle paie en sus des frais de transaction de 150 € en HT. Taux de TVA applicable 20 %.

L'entreprise BETA souhaite en tirer une rentabilité sur le court-terme.

Enregistrer les écritures au 14 février.

Corrigé :

Journal de banque

compte	Intitulé du compte	Débit	Crédit
503.	Actions	3 000	
627.	Frais bancaires	150	
44566.	TVA déductible sur ABS	30	
512.	Banque		3 180

Achat des actions SIGMA, le 14/02/N

> Puisque les actions sont destinées à une revente rapide, elles entrent dans la catégorie des VMP
>
> La TVA déductible concerne les frais bancaire seulement.
>
> L'acquisition de titres financiers est une opération exonérée de TVA

Partie cours :   Les valeurs mobilières de placement

3- Comptabilisation de la cession des VMP

Si les VMP sont cédées à un prix supérieur à leur prix d'achat, l'entreprise réalise un gain financier (à enregistrer dans le compte : 767. Produits nets sur cession des valeurs mobilières de placement.

Si, en revanche le prix de vente est inférieur au prix d'achat des VMP, la perte supportée est aussi de nature financière, et elle est à enregistrer dans le compte 667.Charges nettes sur cession des valeurs mobilières de placement.

Exemple numérique : Cession des VMP (suite exemple précèdent)

Le 2 juin N, l'entreprise ALPHA cède pour une valeur de 6 000€, le portefeuille d'action de la société SIGMA, acquis le 14 février N.

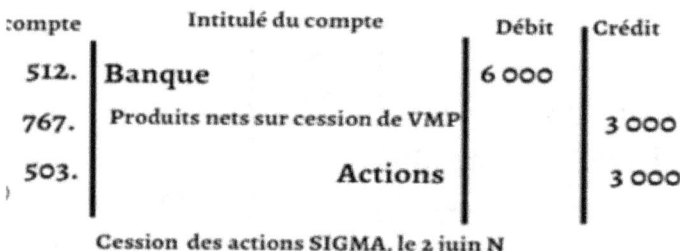

Journal de banque

Compte	Intitulé du compte	Débit	Crédit
512.	Banque	6 000	
767.	Produits nets sur cession de VMP		3 000
503.	Actions		3 000

Cession des actions SIGMA, le 2 juin N

Les actions SIGMA, acquises pour une valeur de 3000 € ont été revendues pour 6000 €. L'entreprise ALPHA réalise donc un gain de 3000 € comptabilisé dans le compte 767.

Partie II
Cas pratiques corrigés

Partie II : Exercices corrigés

Exercice 1 : Déclaration de TVA

Corrigé vidéo disponible : www.za-gestion.com

D'après sujet UE 9, DCG année 2021

La SASU JARDINEC, située à Saint-Sylvestre, est spécialisée dans l'entretien, l'aménagement d'espaces verts et les travaux de terrassement. Dans le cadre de ses activités d'aménagement, elle effectue fréquemment des opérations d'achat/revente de plantes et d'arbres, destinés à être implantés chez ses clients.

Sa clientèle est variée, composée à la fois de particuliers et de professionnels. Son activité est soumise à la TVA au taux réduit de 10 % ou au taux normal de 20 %. La SASU JARDINEC n'a souscrit à aucune option particulière en matière de TVA, et les numéros de TVA intracommunautaire sont systématiquement mentionnés sur les factures échangées avec ses fournisseurs et clients.

À partir du document 1 :

- Vous devez traiter la TVA pour le mois de juillet 2020, en identifiant la TVA due ou le crédit de TVA pour ce mois.

- Enregistrer la déclaration et la liquidation de la TVA.

Document 1 : Extrait du logiciel comptable, de la balance des comptes de TVA, arrêté au 31 juillet 2020

N° des Comptes	Intitulé du comptes	Mouvements		Soldes	
		Débit	**Crédit**	**Débit**	**Crédit**
44562	TVA déductible sur immobilisations	400		400	
44566	TVA déductible sur biens et services	900	50	850	
44567	Crédit de TVA à reporter	200		200	
44571	TVA collectée	150	3 000		2 850
44585	TVA sur encaissements à régulariser	2 800	3 400		600

Exercice 2 : Déclaration de TVA

Corrigé vidéo disponible : www.za-gestion.com

D'après sujet UE 9, DCG 2017

L'entreprise DECO JARDIN fabrique et commercialise en France et à l'étranger, des objets destinés à la décoration des jardins. Elle réalise aussi des travaux d'entretien et d'aménagement des jardins. Taux de TVA applicable 20 %.

Les numéros intracommunautaires figurent systématiquement sur les factures échangées avec ses clients et fournisseurs. L'exercice coïncide avec l'année civile, et toutes les écritures sont comptabilisées dans un seul journal. L'entreprise DECO JARDIN n'a opté pour aucune option en matière de TVA.

1- Justifier la décision de l'entreprise DECO JARDIN, de ne pas opter pour une option sur les débits en matière de TVA.
2- Préciser, quel aurait l'intérêt d'une telle option.
3- Préciser les calculs, permettant de déterminer le montant de la TVA due ou du crédit de TVA au titre du mois de mai N.
4- Enregistrer au journal de l'entreprise, l'écriture de liquidation de la TVA du mois de mai N.

Annexe 1 : Extrait du logiciel comptable, de la balance des comptes de TVA, arrêté au 31 mai N.

N° des Comptes	Intitulé du comptes	Mouvements		Soldes	
		Débit	Crédit	Débit	Crédit
445200	TVA intracommunautaire		6 400		6 400
44562	TVA déductible sur immobilisations	1200		1 200	
44566	TVA déductible sur biens et services	61 800	5 100	56 700	
44567	Crédit de TVA à reporter	800		800	
44571	TVA collectée	8 200	125 300		117 100
44585	TVA sur encaissements à régulariser	8 000	20 000		12 000

Exercice 3 : Acquisition d'une immobilisation

Corrigé vidéo disponible : www.za-gestion.com

D'après sujet UE 9, DCG année 2018

La société DITILLARD, dans le cadre de sa stratégie, a prévu de développer une gamme de cosmétiques biologiques à base d'huiles essentielles de cire d'abeille et de beurre de karité. Elle vient d'acquérir un fondoir, un équipement industriel conçu pour faire fondre des matières grasses par chauffage progressif.

La comptable a décidé de scinder cette immobilisation en plusieurs composants.

Consignes :

À partir de l'annexe 1 :

- Indiquer les différentes valeurs retenues par le Plan Général Comptable lors de l'entrée des actifs dans le patrimoine de l'entreprise.

- Expliquer pourquoi les composants des immobilisations peuvent être comptabilisés séparément.

- Enregistrer l'acquisition du fondoir au 31 décembre N.

Annexe 1 : La société DITILLARD a acquis un fondoir le 31 décembre N, immédiatement mis en service. Le prix d'acquisition est de 36 000 € HT, avec un règlement prévu pour le mois suivant. La durée d'utilisation prévue est de 6 ans, mais le moteur, dont la valeur est de 3 000 € incluse dans le coût total, devra être remplacé tous les 3 ans.

Exercice 4 : Remboursement d'un emprunt bancaire

Corrigé vidéo disponible : www.za-gestion.com

L'entreprise GHOST est spécialisée dans la confection de déguisements et costumes pour les théâtres. Sa gérant Mme DUPOND souhaiterait doter son usine d'une nouvelle machine industrielle dont le coût, incluant le prix de la machine, les coûts d'installation et transport est de 50 000 € en HT.

L'entreprise GHOST est soumise à la TVA au taux normale de 20 %. Son exercice comptable coïncide avec l'année civile.

La gérante de l'entreprise GHOST, au regard du coût important de cette nouvelle installation, souhaiterait financer tout, ou une partie de l'investissement par un crédit bancaire. Son banquier, juge son entreprise solvable et lui accorde de financer 70 % de son projet.

La proposition du banquier est un emprunt de 35 000 €, sur une durée de 2 ans avec des remboursements mensuels constants, au taux de 12 % annuel. (Utiliser le taux mensuel équivalent).

D'après le banquier, les mensualités décaissables chaque fin du mois, sont de 1 647,57 €.

Consignes :

1- Mme DUPOND, vous demande de vérifier dans un premier lieu si le montant de la mensualité est correct.

2- Enregistrer les opérations au journal unique de l'entreprise :

→ Les fonds sont virés, sur le compte de l'entreprise le 3 mars N, les commissions bancaires sont de 350 € en HT. (Avis de crédit N°123).

→ La machine est installée par le fournisseur COUTURE'PLUS le 15 mars. Facture d'achat FA1234.

Exercice 5 : Lettre de change relevé (LCR) magnétique

Corrigé vidéo disponible : www.za-gestion.com

L'entreprise LABY est spécialisée dans la revente de décors pour maison. Ses clients sont principalement des revendeurs. Elle est soumise au taux de TVA de 20%, et son exercice comptable coïncide avec l'année civile.

Le 1 juin l'entreprise LABY effectue une vente en Italie d'une valeur de 50 000 € de marchandises. FA2367 client MEUBLIA. Le client italien a bien fourni son numéro intracommunautaire.

Le 5 juin N, la lettre de change relevé (LCR) magnétique est créée, à échéance du 5 août. Elle la remit aussitôt à sa banque pour escompte.

Le 7 juin N, les fonds sont versés sur le compte bancaire de l'entreprise LABY, avis de crédit 789, avec les modalités suivantes :

- Intérêts d'escompte : 150 €
- Commission bancaire : 30 € en HT.

Consignes :

- Enregistrer les opérations du mois de juin.

Exercice 6 : Les consignes sur emballages

Corrigé vidéo disponible : www.za-gestion.com

La société FRIZOU, est spécialisée dans la confection de confiture de fraise. Elle est soumise à la TVA, au taux de 5,5% pour ses achats, et de 10 % pour ses ventes.

Son exercice comptable coïncide avec l'année civile.

Partie II : Exercices corrigés

Son fournisseur principal est AGRUME, un grossiste de fruits et légumes, qui lui fournit les fraises, dans des caissons d'une contenance de 10 kilos. Les caissons sont consignés à 50 cts par caisson.

Très souvent les caissons sont remis en mauvaise état, ils sont alors restitués pour une valeur allant de 30 cts à 40 cts par caisson. Par moment, les caissons ne sont pas du tout restitués car, mis en rebus par l'entreprise FRIZOU, ils sont alors facturés par le fournisseur AGRUME à 50 cts /caisson.

La TVA applicable lors sur les caissons est de 20%.

En avril N, les opérations d'achat sont les suivantes :

1 avril-	Achat de 5000 kilos de fraises, pour un prix global de 10 000 €, une remise accordée de 10 %. Et 500 caisses consignées pour 250 €.
5 avril-	Restitution de 450 caissons pour 40 cts / unités. Et l'achat des 50 caissons restants pour 50 cts/unité
10 avril-	Réception de 4000 kilos de fraises, pour un prix global de 7 500 €, et 400 caisses consignées pour 50 cts/caisse.
12 avril-	Restitution de l'ensemble des caisses, pour 35cts /caisse.

Consigne :

Enregistrer au journal des achats les opérations du mois d'avril N.

Exercice 7 : Déclaration TVA CA12

Corrigé vidéo disponible : www.za-gestion.com

Le magasin TWIST, créée en avril N-2 est spécialisée dans la vente en détail de vêtements pour enfants.

L'entreprise augmente chaque année son chiffre d'affaires. A la fin de l'année N-1, il s'établissait à 350 000 €. La TVA acquittée pour ce même exercice est de 14 500 €

L'exercice comptable du magasin TWIST coïncide avec l'année civile. Et le taux de TVA applicable lors des achats et/ou ventes est de 20%.

La gérante a opté pour le régime simplifié de déclaration en matière de TVA.

- **Justifier, par des arguments que le magasin TWSIT peut choisir ce régime de déclaration en matière de TVA.**

Durant l'année N, la gérante vous confie les informations suivantes, relatives à ses ventes, achats, encaissements et décaissements.

Chiffre d'affaires	514 000€ en TTC dont encaissé 450 000€
Achats de marchandises en France	380 000 € en TTC dont 380 000€ payé
Acquisition de marchandises intracommunautaire.	120 000 €, totalement payé
Achat de prestation (prestataires ayant opté pour la TVA sur les débits)	35 000 € en TTC d'achat 40 000 € en TTC de paiement
Achat de prestation (prestataires n'ayant pas opté pour une option)	25 000 € en TTC d'achat 15 900 € en TTC de paiement
Acquisition d'un véhicule de tourisme	25 000 € en TTC, totalement payé

Consignes :

- Calculer et enregistrer les acomptes versés durant l'année N
- Etablir et enregistrer la déclaration de TVA (CA12)

Exercice 8 : Enregistrer les opérations au journal

L'entreprise DECO JARDIN fabrique et commercialise en France et à l'étranger, des objets destinés à la décoration des jardins. Elle réalise aussi des travaux d'entretien et d'aménagement des jardins. Le taux de TVA applicable est de 20 %

Les numéros intracommunautaires figurent systématiquement sur les factures échangées avec ses clients et fournisseurs. L'exercice coïncide avec l'année civile, et toutes les écritures sont comptabilisées dans un seul journal. L'entreprise DECO JARDIN n'a opté pour aucune option en matière de TVA.

Consignes :

- Vous disposez, pour enregistrement au journal, les opérations effectuées par l'entreprise DECO JARDIN durant le mois d'avril N, en annexe A.

- Effectuer le calcul de la TVA due ou du crédit de TVA au titre du mois d'avril N

Annexe A : Opérations courants du mois d'avril N

Le 3 avril-	Vente de meubles de jardin fabriqués par l'entreprise au client RENARD (facture 6733) : Brut 2000 HT, remise 10 % ; Escomptes 5 %. Port facturé 150 € HT.
Le 5 avril-	Souscription à un contrat de crédit-bail avec la société ISABAIL, pour un véhicule utilitaire d'une valeur de 20 000 € en HT. L'entreprise verse un dépôt de garantie non soumis à TVA de 4 000 €, et s'engage à payer 48 mensualités de 350 € en HT. La première mensualité est versée avec le dépôt de garantie, chèque 652.
Le 8 avril-	Entré en exploitation d'un entrepôt technique bâti par les salariés de l'entreprise DECO JARDIN, destiné au rangement des divers stocks

Partie II : Exercices corrigés

	- Matière consommée : 16 500 €
	- Main d'œuvre : 26 400 €
Le 9 avril-	Réception de la note d'honoraire numéro N/311 de maître SIDATI, avocat de l'entreprise. Il n'a exercé aucune option sur les débits : 4500 €en HT
Le 10 avril-	Acquisition d'ordinateurs destinés aux tâches administratives. La facture n°5291 présentée par le fournisseur ORDILIOA mentionne les éléments suivants : • Ordinateurs : 5 700 € HT (dont 800 € pour le système d'exploitation) • Frais d'installation : 300 € HT • Escompte de 2 % sur l'ensemble de la facture Un acompte de 1 000 € a été versé lors de la commande le 25 mars N, et l'écriture comptable correspondante a été correctement enregistrée à cette date.
Le 11 avril-	Facture d'avoir (n° 6733) consécutivement au retour d'une partie des produits livrés au client RENARD le 3 avril. Valeur brute des produits retournés 200 € en HT.
Le 12 avril-	Création d'une lettre de change relevé (LCR) magnétique, pour un montant de 10 000 € à échéance du 30 juin N. Cette lettre de change est aussitôt transmise à la banque pour escompte.
Le 14 avril-	Réception de l'avis de crédit AC860 de la banque, relatif à l'escompte de la lettre de change (LCR) magnétique ; - Intérêts d'escompte : 480 € - Commission bancaire : 100 € en HT.
Le 15 avril-	Achat d'un présentoir au fournisseur italien VIALLI, pour exposer les produits au jardin 4000 € en HT (facture n° 8621).

Partie II : Exercices corrigés

Le 17 avril-   Facture n° 6734 adressée au client AMEL FLEUR, pour l'entretien des fleurs : 2 400 en HT.

Le 18 avril-   Règlement au fournisseur japonais HIROMOTO (virement bancaire n° VIR376) concernant l'achat d'un lot de bonzaïs facturé le 15 mars N pour 120 000 yens.
- Cours au 15 mars N : 1€ = 120 Yens
- Cours au 18 avril N : 1€ = 100 Yens

Exercice 9 : Enregistrement d'une opération d'importation

Corrigé vidéo disponible : www.za-gestion.com

Adapté, d'après sujet UE 9, DCG 2018

Enregistrer au journal de la société DISTILLARD, entreprise française spécialisée dans la confection de parfums les opérations d'importation suivantes, sachant que l'entreprise a opté pour la comptabilisation des charges dans leurs comptes par nature.

Le 2 décembre   Réception de la facture E720 du fournisseur malgache RAJOLINA pour l'achat de 250 kilos d'aloe Vera pur et non transformé. Prix en HT au kilo 4€ en HT. Port facturé : 150 € en HT. Les formalités de dédouanement sont assurées par le transitaire.

Le 12 décembre   Le transitaire PRLINAIR qui a procédé au dédouanement de l'importation de l'aloe Vera, en provenance de Madagascar, transmet sa facture FV445 :
- Droits de douanes sur les produits végétaux : 50 € en HT
- TVA sur la facture E720 ainsi que sur les droits de douanes 20 %
- Frais de transport jusqu'au locaux de DITILLARD : 100 € en HT (TVA à 20%)

Le transitaire n'a pas opté pour la TVA sur les débits. Le règlement est sous 30 jours.

Exercice 10 : Titres financiers

Corrigé vidéo disponible : www.za-gestion.com

Durant le mois d'avril de l'année N, l'entreprise GAMMA réalise les placements et cessions suivants :

Le 1 avril N-   Acquisition au comptant de 100 actions d'ACCOR au prix unitaire de 45 € dans le but de réaliser un placement sur le court terme. Les frais bancaires sont de 1% du montant d'acquisition (Taux de TVA 20%)

Le 10 avril N-   Acquisition de 200 parts sociales des 1000 qui composent le capital social de la SARL FLOMO. La société GAMMA souhaite exercer une influence notable.
Prix d'acquisition : 15 € /part.
Les commissions bancaires : 0,5% du prix d'acquisition (taux de TVA 20%)

Le 20 avril N-   La société GAMMA fait la cession de 2800 obligations qu'elle détenait, pour un prix unitaire de 35 €/obligation. Ces obligations ont été acquises en début d'année pour placer une trésorerie excédentaire et réaliser ainsi une rentabilité sur le court terme. Le prix de cession est de 30 € par obligation.

Partie II : Exercices corrigés

Corrigés des cas pratiques

Corrigés des cas pratiques

Corrigé de l'exercice 1

1- Etablissement de la déclaration de TVA

	Débit	Crédit
TVA collectée		2 850
TVA déductible		
- Sur biens et services	850	
- Sur immobilisations	400	
- Crédit de TVA	200	
TOTAL	1 450	2 850
Solde (TVA due)	1 400 €	

- La TVA à régulariser n'est jamais prise en compte pour les déclarations périodique, car elle n'est pas encore exigible.

Journal des opérations diverses : au 30 avril N+1

Numéro de compte	Intitulé	Débit	Crédit
44571.	TVA collectée	2850	
44566.	TVA déductible sur ABS		850
44567.	Crédit de TVA		200
44562.	TVA déductible sur immobilisations		400
44551.	TVA à payer		1400
	Déclaration de TVA		

Journal de banque : au 30 avril N+1

Numéro de compte	Intitulé	Débit	Crédit
44551.	TVA à payer	1400	
512.	Banque		1400
	Liquidation de la TVA		

Corrigés des cas pratiques

Corrigé de l'exercice 2

1- Ne pas opter pour l'option sur les débits en matière de TVA est une décision intéressante pour l'entreprise DECO'JARDIN, notamment en matière de trésorerie. En effet, l'entreprise n'aura pas à payer la TVA collectée avant de l'avoir elle-même encaissée.

2- L'intérêt de l'option sur les débits en matière de TVA est la simplification de la gestion des déclarations qu'elle offre.

3- **Etablissement de la déclaration de TVA**

	Débit	Crédit
TVA exigible		
- TVA collectée		117 100
- TVA intracommunautaire due		6 400
TVA déductible		
- Sur biens et services	56 700	
- Sur immobilisations	1 200	
- Crédit de TVA	800	
TOTAL	58 700	123 500
Solde (TVA due)	64 800 €	

Corrigés des cas pratiques

Journal des opérations diverses

Numéro de compte	Intitulé du compte	Débit	Crédit
44571.	TVA collectée	117 100	
4452.	TVA intracommunautaire due	6400	
44566.	TVA déductible sur ABS		56 700
44567.	Crédit de TVA		800
44562.	TVA déductible sur immobilisations		1200
44551.	TVA à payer		64 800
	Déclaration de TVA		

Journal de banque

Numéro de compte	Intitulé du compte	Débit	Crédit
44551.	TVA à payer	64 800	
512.	Banque		64 800
	Liquidation de la TVA		

Corrigé de l'exercice 3

1- Citer les différentes valeurs retenues par le Plan Comptable Général lors de l'entrée des actifs dans le patrimoine de l'entreprise.

Selon l'article 213-1 du Plan Comptable Général, les valeurs retenues pour l'entrée des actifs dans le patrimoine de l'entreprise sont les suivantes :

- A leur coût d'acquisition pour les actifs achetés
- Le coût de production pour les actifs produits par l'entité elle-même.
- La valeur vénale pour les actifs acquis à titre gratuit ou échangés contre d'autres actifs.

Corrigés des cas pratiques

2- Identifier, les raisons pour lesquelles composants des immobilisations peuvent être comptabilisés séparément.

D'après l'article 214-9 du PCG, si dès le départ, un ou plusieurs composants de l'immobilisation ont des durées d'utilisations différentes, chaque élément doit être comptabilisé séparément et disposant de son plan d'amortissement propre.

Dans notre exemple, le fondoir est composé de deux composants :

- La structure : 30 000 € dont la durée d'utilisation est de 6 ans.
- Le moteur : 3 000 €, dont la durée de remplacement est de 3 ans.

Comptabilisation :

<u>Journal des achats :</u> le 31 décembre N

Numéro de compte	Intitulé	Débit	Crédit
2154-1	Matériel industriel (structure)	30 000	
2154-2	Matériel industriel (moteur)	6 000	
44562	TVA déductible sur immobilisation	7 200	
404	Fournisseurs d'immobilisations		43 200
	Facture d'acquisition		

Corrigé de l'exercice 4

1- Vérification du montant de la mensualité constante :

Données :

Capital emprunté (C) : 35 000 €   Durée (n) : 24 mois

Taux d'intérêt (I) : 12 % annuel
Le taux mensuel équivalent (t) = 12 % /12 = 1%

Formule : $m = (C * i) / (1-(1+t)^{-n})$

Calcul : m= (35 000 * 0,01) / (1-1,01 ^-24) =**1 647,57 €**

Corrigés des cas pratiques

2- Enregistrements comptables des opérations :

Journal banque : au 3 mars N

Numéro de compte	Intitulé	Débit	Crédit
512.	Banque	34 580	
627.	Frais bancaires	350	
44566.	TVA déductible sur ABS	70	
164.	Emprunts		35 000
	Avis de crédit n° 123		

Journal des achats : le 15 mars N

Numéro de compte	Intitulé	Débit	Crédit
2154	Matériel industriel	50 000	
44562	TVA déductible sur immobilisation	10 000	
404	Fournisseur d'immobilisations		60 000
	Facture 1234 fournisseur COUTURE'PLUS		

Corrigé de l'exercice 5

Enregistrement des opérations comptables :

Journal des ventes : Au 1 juin N

Numéro de compte	Intitulé	Débit	Crédit
411.	Clients	50 000	
707.	Vente de marchandises		50 000
	Facture 2367 client MEUBLIA		

Corrigés des cas pratiques

Le 5 juin, l'acceptation et la remise à l'escompte de la lettre de change magnétique

	Aucune écriture		

<u>Journal de Banque :</u> Le 7 juin, Réception des fonds

Numéro de compte	Intitulé	Débit	Crédit
512.	Banque	49 814	
661.	Charges financières (escompte)	150	
627.	Frais bancaires	30	
44566.	TVA déductible sur ABS	6	
519.	Concours bancaire		50 000
	Avis de crédit 789		

Corrigé de l'exercice 6

Données : Taux de TVA à l'achat : 5,5 %   Taux de TVA à la vente : 10 %

Taux de TVA applicable sur les consignes : 20 %

Enregistrement des opérations comptables

<u>Journal des achats</u> : Le 1 avril N

Numéro de compte	Intitulé	Débit	Crédit
601.	Achat de matières premières	9 000	
44566.	TVA déductible sur ABS	495	
4096.	Fournisseurs-créances sur emballages.	250	
401.	Fournisseurs- achats de ABS		9 745
	Facture d'achat fournisseur AGRUME		

Corrigés des cas pratiques

Journal des achats : le 5 avril N

Numéro de compte	Intitulé	Débit	Crédit
60265.	Achats stockés d'emballages	25	
6136.	Malus sur retour des emballages consignés	45	
44566.	TVA déductible	14	
401.	Fournisseur de ABS	166	
4096.	Fournisseurs-Créances sur emballages consignés		250
	Facture d'avoir fournisseur AGRUME		

Explication

- Le compte 60265 est débité de 25 €, correspondant à l'achat de 50 caisses à 0,5 € par unité.
- Le compte 6136 malus sur retour des emballages consignés est débité de 45€, correspondant au malus sur retour (450 caisses * 0,1€ de malis)
- Le compte 44566 TVA déductible sur ABS est débité de 14 € : *(25€ + 45€) * 20 %*

Journal des achats : Le 10 avril-N

Numéro de compte	Intitulé	Débit	Crédit
601.	Achat de matières premières	7 500	
44566.	TVA déductible sur ABS	412,5	
4096.	Fournisseurs-créances sur emballages	200	
401.	Fournisseurs- achats de ABS		8 112,5
	Facture d'achat fournisseur AGRUME		

Journal des achats : Le 12 avril-N

Numéro de compte	Intitulé	Débit	Crédit
6136.	Malis sur retour des emballages consignés	60	
44566.	TVA déductible	12	
401.	Fournisseur de ABS	128	
4096.	Fournisseurs-Créances sur emballages consignés		200
	Facture d'avoir fournisseur AGRUME		

Corrigés des cas pratiques

Corrigé de l'exercice 7

1- Justifier par des arguments que le magasin TWIST peut opter pour le régime simplifié de déclaration en matière de TVA

Les conditions, qui permettent à une entreprise d'opter pour ce régime de déclaration sont :

Condition de chiffres d'affaires :

- Un chiffre d'affaires dans l'intervalle de 91 900 € et 840 000 € : pour les activités de ventes.
-

Condition de TVA exigible :
- La TVA due inférieure à 15 000 €

Le magasin TWSIT a réalisé en N-1 un chiffre d'affaires de 350 000 € en HT, et une TVA exigible de 14 500 €. Il est soumis, donc de plein droit à ce régime de déclaration.

2- Calcul des acomptes de TVA

TVA acquittée au titre de l'année N-1   14 500 €

Acomptes	Date	Calcul	Montant
1er acompte	Juillet N	55% de la TVA due au titre de l'année N-1	7 975 €
2ème acompte	Décembre N	40% de la TVA due au titre de l'année N-1	5 800 €
		Total	13 775 €

Corrigés des cas pratiques

3- Enregistrement des écritures des acomptes :

Journal de Banque : Juillet N

Numéro de compte	Intitulé	Débit	Crédit
44581.	TVA- acomptes versés	7 975	
512.	Banque		7 975
	1er acompte de TVA, année N		

Journal de Banque : Décembre N

Numéro de compte	Intitulé	Débit	Crédit
44581.	TVA- acomptes versés	5800	
512.	Banque		5 800
	2ème acompte de TVA, année N		

4- Déclaration de TVA au titre de l'année N

L'entreprise ayant une activité de livraison de biens, elle est soumise de plein droit à la TVA sur les débits.

La TVA exigible est celle qui a été facturée.

TVA exigible	Base	TVA à 20 %
TVA collectée	Chiffre d'affaires en HT 514 000 /1,2 = 428 333,33 €	85 666,66 €
TVA intracommunautaire due	Acquisition : 120 000 €	24 000 €
Total de la TVA exigible		**109 666,67€**

Corrigés des cas pratiques
TVA déductible

Opérations	Déductibilité	Calcul	TVA déductible
Achat de marchandises en France	A la facture. Achat facturé	(380 000/1,2) *20%	63 333,34€
Acquisition intracommunautaire	La livraison, la facturation	120 000 *0,2	24 000 €
Achat de prestation (Prestataires ayant opté pour la TVA sur les débits)	La livraison, la facturation	(35 000 /1,2) *20%	5 833,33 €
Achat de prestation (Prestataires n'ayant pas opté pour la TVA sur les débits)	Les paiements, les décaissements	(15 900€/1,2) *0,2	2 650€
Véhicule de tourisme	Non déductible	/	/
		Total de la TVA déductible	**95 816,67€**

Déclaration de la TVA

TVA exigible	109 666,67€
TVA déductible	(95 816,67€)
Acomptes versés	(13 775 €)
Solde (TVA due)	**75 €**

Enregistrement comptable de la déclaration

Journal des opérations diverses : au 30 avril N+1

Numéro de compte	Intitulé	Débit	Crédit
44571.	TVA collectée	85 666,66	
44520.	TVA intracommunautaire due	24 000	
44566.	TVA déductible sur ABS		63 333,34
445662.	TVA déductible Intracom		24 000
44581.	TVA acomptes versés		13 775
44552.	TVA à payer		75
	Déclaration de la TVA, au titre de l'exercice N		

Corrigés des cas pratiques

Corrigé de l'exercice 8

Journal de l'entreprise DECO

Numéro de compte	Intitulé	Débit	Crédit
411.	Clients	2 042	
656.	Escomptes accordés	90	
707.	Vente de marchandises		1 800
44571.	TVA collectée		342
	Le 3 avril- FA 6733 client RENARDS		
2751.	Dépôt de garantie	4 000	
6122.	Loyer crédit-bail	350	
44566.	TVA déductible sur B/S	70	
512.	Banque		4 120
	Le 5 avril- Chèque 652, crédit-bail		
2115.	Immeuble	42 900	
44562.	TVA déductible sur immobilisations	8 580	
722.	Production immobilisée		42 900
44571.	TVA collectée		8580
	Le 8 avril- Production immobilisée		
6226.	Honoraire	4500	
4458.	TVA en attente	900	
401.	Fournisseurs de ABS		5400
	9 avril- Fa 311 maitre SIDATI		
6226.	Honoraire	4 500	
4458.	TVA en attente	900	
401.	Fournisseurs de ABS		5 400
	9 avril- Fa 311 maitre SIDATI		
2183.	Matériel informatique	5 880	
44562.	TVA déductible sur immobilisations	1 176	
404.	Fournisseurs d'immobilisations		6 056
4091.	Fournisseurs, acomptes versés		1 000
	10 avril- Fa 5291 ORDILIOA		
707.	Vente de marchandises	180	
44571.	TVA collectée	34,2	
411.	Clients		205,2
656.	Escomptes accordés		9
	11 avril- Facture d'avoir 6733 clients RENARD		

Corrigés des cas pratiques

		Création et remise de la lettre de change, au 12 avril Aucune écriture.		
512.				
661.		Banque	9 400	
627.		Charges financières	480	
44566.		Frais bancaires	100	
	519.	TVA déductible sur ABS	20	
		Concours bancaires		10 000
		14 avril- Avis de crédit AC860		
2184.		Mobilier	4 000	
	404.	Fournisseurs d'immobilisations		4 000
44562.		TVA déductible sur immobilisations	800	
	4452.	TVA intracommunautaire Due		800
		15 avril- Facture 8621 fournisseur VILLAI		
411.		Clients	2 880	
	706.	Prestations de services		2 400
	4458.	TVA en attente		480
		17 avril- Facture 6734 client AMEL		
401.		Fournisseurs de ABS	1 000	
666.		Perte de change	200	
	512.	Banque		1 200
		18 avril- virement 376 fournisseur HIROMOTO		

Corrigés des cas pratiques

Corrigé de l'exercice 9

Enregistrement des opérations au journal de la société DISTILLARD.

Journal des achats : au 2 décembre N

Numéro de compte	Intitulé	Débit	Crédit
601.	Achat de matières première	1 000	
624.	Transport	150	
401.	Fournisseurs de ABS		1 150
44566.	TVA déductible sur ABS	230	
4453.	TVA due sur importations		230
	Facture E720, fournisseur RAJOLINA		

Journal des achats : au 12 décembre N

Numéro de compte	Intitulé	Débit	Crédit
44566.	TVA déductible sur ABS	230	
6354.	Droit de douanes	50	
624.	Transport	100	
4458.	TVA en attente	30	
401.	Fournisseur de ABS		410
	Facture FV445 PRLINAIR		

Corrigés des cas pratiques

Corrigé de l'exercice 10

Enregistrer les opérations au journal de l'entreprise GAMMA

Journal de Banque : au 1 avril N

Numéro de compte	Intitulé	Débit	Crédit
503.	Actions	4 500	
627.	Frais bancaires	45	
44566.	TVA déductible sur ABS	9	
512.	Banque		4 554
	Acquisition de VMP		

Journal de Banque : Le 10 avril N

Numéro de compte	Intitulé du compte	Débit	Crédit
261.	Actions	3 000	
627.	Frais bancaires	15	
44566.	TVA déductible sur ABS	3	
512.	Banque		3 018
	Acquisition des titres de participation		

Journal de Banque : au 20 avril N

Numéro de compte	Intitulé	Débit	Crédit
512.	Banque	98 000	
506.	Obligations (VMP)		84 000
767.	Produits nets sur cession de VMP		14 000
	Cession des obligations (VMP)		

Exercices supplémentaires (sans corrigé)

Corrigés disponibles sur le site : www.za-gestion.com

Cas pratiques supplémentaires

Cas pratique 1

La gérante de l'entreprise GASTON souhaite renouveler son matériel de production. Le coût estimé du nouvel équipement est de 50 000 €, les frais d'installation et de transport sont évalués à 8 000 €. Le taux de TVA applicable est de 20 %.

Le nouvel équipement est composé de deux composants principaux :
- La structure, dont le renouvèlement doit se faire chaque 6 ans. La valeur de la structure représente 80 % de la valeur totale de l'équipement.
- Le moteur, qui doit être renouvelé chaque 3 ans, selon le constructeur. Il représente 20 % de la valeur de l'équipement.

Le devis du fournisseur fait mention d'une formation de deux jours aux salariés de l'entreprise GASTON, pour leur permettre de manipuler la nouvelle machine. Le coût estimé est de 2000 € en HT.

La gérante de l'entreprise GASTON a sollicité sa banque, pour le financement d'une partie de son investissement. Son conseillé est d'accord pour lui octroyer un emprunt de 30 000 €, et lui propose trois modalités de remboursement :
- Remboursement par des mensualités constantes, sur une durée de 18 mois, au taux annuel de 9 %.
- Remboursement infinie, au terme de 2 ans, au taux annuel de 10 %.

Consignes :
- Présenter un plan d'amortissement de l'emprunt, pour chacune des deux modalités de remboursement proposés par le banquier.
- La gérante souhaite les décaissements les plus tardifs possible, quelle modalité doit-elle choisir ?

Les fonds sont versés en banque le 15 février N, les frais bancaires sont de 300 € en HT, taux de TVA applicable est de 20 %.

Cas pratiques supplémentaires

- Comptabiliser la réception des fonds sur le compte bancaire.

Le fournisseur de matériel industriel AGRO'EQUIP, effectue la livraison du matériel, accompagné de la facture n° 1235 à la date du 28 février N.

- Compléter : la facture 1235, du 28 février N

Fournisseur AGRO'EQUIP

Matériel industriel	50 000 €
Transport et installation	8 000 €
Total	58 000 €
Escompte pour paiement avant deux mois (5%)	A compléter
Net financier	A compléter
TVA à 20 %	A compléter
Montant TTC dû	A compléter

- Enregistrer au journal de l'entreprise GASTON la facture d'acquisition de la machine.

15 jours après l'installation de la machine, le fournisseur effectue une formation de deux jours aux salariés de l'entreprise GASTON, son montant brut en hors taxe est de 2000 €, et une remise de 10 % est offerte de la part du fournisseur à l'entreprise GASTON. Facture N° 235 AGRO'EQUIP, du 15 mars N.

Enfin, la gérante de la société Gaston accepte un contrat de révision et de maintenance, d'une durée de deux ans. Les redevances mensuelles sont de 50 € en HT. La première facture est présentée à la société GASTON le 1 avril N, son paiement est effectué le même jour par chèque bancaire.

- Enregistrer au journal de l'entreprise GASTON, la facture de formation Facture N° 235 AGRO'EQUIP ;

- Enregistrer au journal de la société GASTON les opérations du 1 avril N.

Cas pratiques supplémentaires

Cas pratique 2

Etablir et enregistrer en comptabilité la déclaration de TVA CA12 de l'entreprise SAOUSSEN.

L'entreprise SAOUSSEN est une entreprise de service et d'aide aux personnes âgées. Créée depuis deux ans, sa gérante à opter pour une déclaration annuelle de TVA, (formulaire CA12).

La TVA acquittée au titre de l'exercice N-1 est de 6500 €.

Les acomptes ont été payés aux dates prévues, et correctement enregistrés au journal de la société.

L'entreprise SAOUSSEN n'a pas opté pour l'option sur les débits.

Les opérations effectuées durant l'année N, sont résumées dans l'annexe suivant :

Chiffre d'affaires réalisé en N	90 000 € en HT
Dont encaissé	85 000 € en TTC
Créances N-1 encaissées	6800 en TTC
Achat de consommables	15 000 € en HT (entièrement payés)
Achat de prestation de services (Fournisseurs ayant opté pour la TVA sur les débits)	9 000 € en HT (10 % sont en attente de paiement)
Achat de prestation de services (Fournisseurs n'ayant pas opté pour la TVA sur les débits)	Facture des honoraires de l'expert-comptable 1800 € en HT, non encore payée ;
Acquisition d'un ordinateur portable	2500 € en HT (facture acquittée au moment de l'achat, par chèque bancaire)

Cas pratique 3

Enregistrer au journal de l'entreprise GAMMA les opérations effectuées durant le mois de janvier N

L'entreprise GAMMA est spécialisée dans la production de verre en plastique. Ses fournisseurs, ainsi que ses clients sont principalement des entreprises établies en France et en union européenne. Cependant, elle se fournit aussi, une fois par trimestre en matière première de chez un fournisseur établi en Chine.

Tous ses partenaires européens ont fourni leur numéro d'identification de TVA. En outre, les taux de TVA applicables est de 10 %, pour les achats de matières premières, 20 % pour les achats de prestations de services et 20 % pour ses ventes en France.

Les opérations du mois de janvier N sont présentées dans L'annexe suivant :

2 janvier N	Achat de 25 000 YUAN de matière première à un fournisseur chinois XIMU. Facture 124. Le taux de change est de 1 € pour 7,85 YUAN.
	- Droits douaniers : 400 € en HT - Transport : 250 € en HT
Le 4 janvier N	Vente de 450 000 € de verres en plastique, à un client italien. Facture de vente 3456.
Le 6 janvier N	Virement au fournisseur chinois, en paiement de sa facture FA 124 ; Taux de change 1 € pour 7,9 YUAN.
	Etablissement du chèque 678 en paiement de la facture du transitaire PORT+.

Cas pratiques supplémentaires

Le 10 janvier N	Réception d'une lettre de change relevée (LCR) magnétique (n°89) du client italien, en encaissement de la facture de vente 3456. La LCR magnétique est à échéance du 1 mars.
Le 11 janvier N	Présentation à l'escompte de la lettre de change magnétique n° 89.
Le 12 janvier N	Réception des fonds sur le compte bancaire de la lettre de change n° 89 remises à l'escompte : - Escompte : 25 € - Frais bancaire : 150 € en HT.
Le 25 janvier N	Achat d'un véhicule de tourisme chez un fournisseur allemand, valeur 45 000 € en HT. Le paiement s'est effectué dans la journée par virement bancaire.
Le 31 janvier	Achat de 35 000 € de matière première à un fournisseur espagnol. Facture d'achat 670.

www.ingramcontent.com/pod-product-compliance
Lightning Source LLC
Chambersburg PA
CBHW050314230526
45471CB00005B/2178